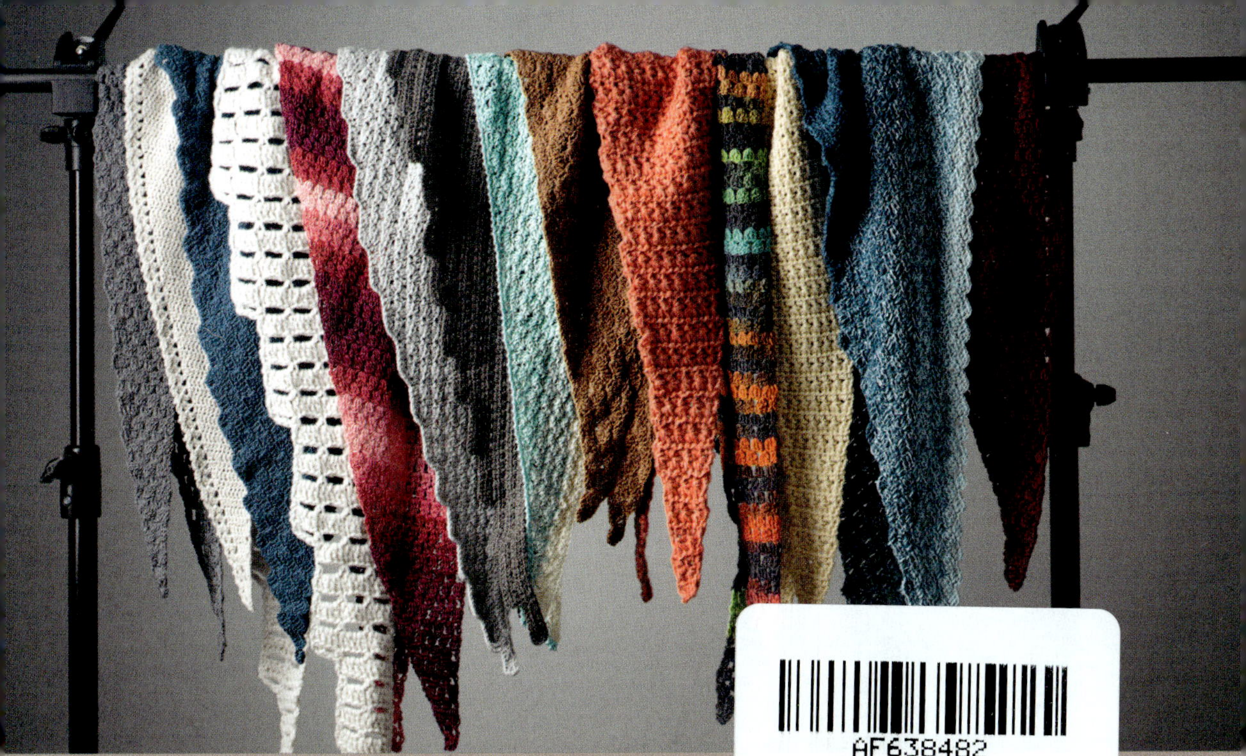

AF638482

Liebe Fans von Mini-Tüchern,

seid ihr schon lange auf der Suche nach Modellen, die man sich als i-Tüpfelchen um Hals, Kopf oder sogar als Gürtel um die Taille bindet? Mit meinem Buch möchte ich euren Wünschen gerecht werden und zeige viele Tücher in unterschiedlicher Größe und mit verschiedenen Garnen, da sie immer wieder anders zur Geltung kommen.

So lassen sich wunderbar Reste verwerten. Eine ganz geniale Idee findet sich auf Seite 41: Aus einem BOBBEL wurden nacheinander drei Tücher gehäkelt, die nun an Freundinnen verschenkt werden können – cool, oder?

Ich habe die Minis mit nordischen Namen getauft. Ihre Bedeutung steht mit dabei – so könnt ihr euch zusätzlich inspirieren lassen, welches Modell wohl am besten zu welcher Person passt.

Nun wünsche ich euch viel Spaß beim Aussuchen, Häkeln und Tragen oder Verschenken!

Veronika Hug

TARJA

... die Beschützerin

LEVEL

●○○

GRÖSSE

Tuch A in Camel: 115 x 27 cm

Tuch B in Ziegel: 125 x 35 cm

Tuch C in Curry/Braun: 140 x 40 cm

MATERIAL

- Tuch A und B: Woolly Hugs MERINO SILK SOCKS (58 % Schurwolle (Merino), 25 % Polyamid, 11 % Seide, 6 % Polyester Elité, Lauflänge ca. 420 m/100 g) von L&K (www.VeronikaHug.com): 100 g in Camel (Farbe 208) bzw. in Ziegel (Farbe 227)
- Tuch C: Woolly Hugs PAINT SOCKS (75 % Schurwolle, 25 % Polyamid, Lauflänge ca. 420 m/100 g) von L&K (www.VeronikaHug.com): 100 g in Curry/Braun (Farbe 202)
- Häkelnadel 3,0-4,0 mm

MASCHENPROBE

3 Muscheln = 9 cm, 9 R = 10 cm

Hinweis: Die Häkelarbeit muss sich schön locker anfühlen, sodass ein weiches Tuch entsteht. Fühlt sich die Arbeit zu fest an, eine größere Nadelstärke wählen.

Muster

Muschel-Muster in hin- und hergehenden Reihen

Die Häkelschrift zeigt ab der unteren Spitze die ersten 5 R mit beidseitigen Zunahmen. Die Abfolge der M und R ist in der nachfolgenden Anleitung aufgeführt.

1 Muschel

5 Stäbchen in die gleiche Einstichstelle

Anleitung

An der unteren Spitze beginnend 1 Luft-M anschlagen und laut Häkelschrift arbeiten. Für die 1. Reihe 4 Luft-M als Ersatz für das 1. Doppel-Stäbchen häkeln und in die Anschlag-Luft-M 1 Muschel aus 5 Stäbchen arbeiten, enden mit 1 Doppel-Stäbchen ebenfalls in die Anschlag-Luft-M; 2. Reihe: Mit 4 Luft-M als Ersatz für das 1. Doppel-Stäbchen die Arbeit wenden und in das Doppel-Stäbchen der 1. R 5 Stäbchen arbeiten, in das 3. Stäbchen der folgenden Muschel 1 feste M häkeln, in die 4. Ersatz-Luft-M der 1. R 5 Stäbchen und 1 Doppel-Stäbchen arbeiten; 3. Reihe: Mit 4 Luft-M als Ersatz für das 1. Doppel-Stäbchen die Arbeit wenden und in das Doppel-Stäbchen der vorigen R 5 Stäbchen arbeiten, in das 3. Stäbchen der folgenden Muschel 1 feste M häkeln, in die folgende feste M 5 Stäbchen häkeln, in das 3. Stäbchen der folgenden Muschel 1 feste M häkeln, in die 4. Ersatz-Luft-M der vorigen R 5 Stäbchen und 1 Doppel-Stäbchen arbeiten; 4. Reihe: Mit 4 Luft-M als Ersatz für das 1. Doppel-Stäbchen die Arbeit wenden und in das Doppel-Stäbchen der vorigen R 5 Stäbchen arbeiten, * in das 3. Stäbchen der folgenden Muschel 1 feste M häkeln, in die folgende feste M 5 Stäbchen häkeln, ab * noch 1 x wiederholen, in das 3. Stäbchen der letzten Muschel 1 feste M häkeln und in die 4. Ersatz-Luft-M der vorigen R 5 Stäbchen und 1 Doppel-Stäbchen arbeiten; 5. Reihe: Mit 4 Luft-M als Ersatz für das 1. Doppel-Stäbchen die Arbeit wenden und in das Doppel-Stäbchen

... weiter geht es auf Seite 4

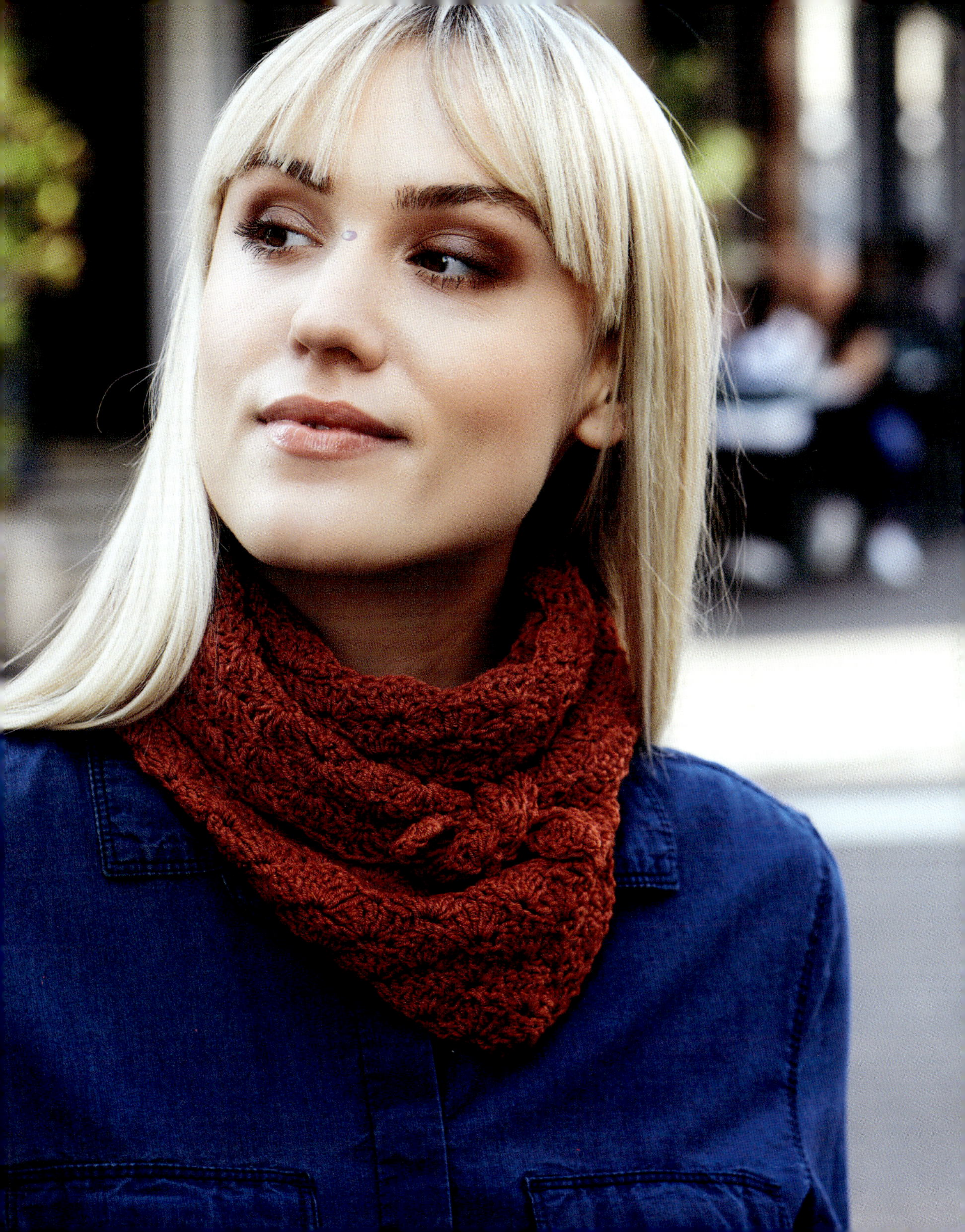

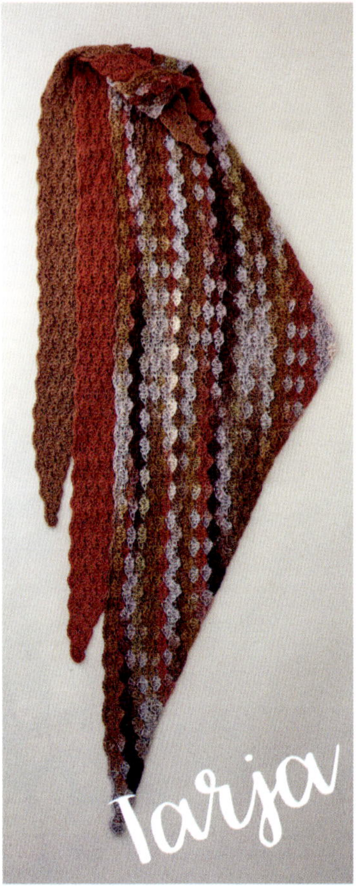

der vorigen R 5 Stäbchen arbeiten, * in das 3. Stäbchen der folgenden Muschel 1 feste M häkeln, in die folgende feste M 5 Stäbchen häkeln, ab * noch 2 x wiederholen, in das 3. Stäbchen der letzten Muschel 1 feste M häkeln und in die 4. Ersatz-Luft-M der vorigen R 5 Stäbchen und 1 Doppel-Stäbchen arbeiten.
Danach die 4. und 5. R stets wiederholen und die Zunahmen systematisch fortsetzen, bis die Spannweite von 120 (125) 140 cm erreicht ist. Danach enden.

Häkelschrift Tarja

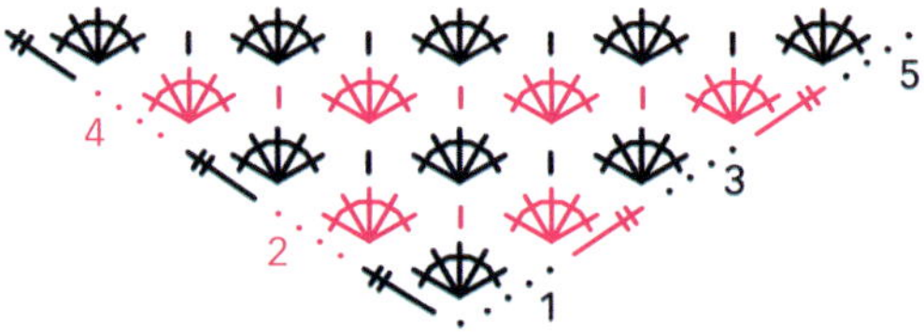

Zeichenerklärung (ausführliche Erklärungen siehe Umschlag)

· = 1 Luft-M

I = 1 feste M

† = 1 Stäbchen

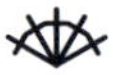 = 5 Stäbchen in 1 Einstichstelle (= 1 Muschel)

‡ = 1 Doppel-Stäbchen

KARI

... die Aufrichtige

LEVEL

●●○

GRÖSSE

Tuch A in Grün/Braun:
130 x 20,5 cm

Tuch B in Oliv: 140 x 22 cm

MATERIAL

- Tuch A: Woolly Hugs PAINT SOCKS (75 % Schurwolle, 25 % Polyamid, Lauflänge ca. 420 m/100 g) von L&K (www.VeronikaHug.com): 100 g in Grün/Braun (Farbe 206)
- Tuch B: Woolly Hugs MERINO SILK SOCKS (58 % Schurwolle (Merino), 25 % Polyamid, 11 % Seide, 6 % Polyester Elité, Lauflänge ca. 420 m/100 g) von L&K (www.VeronikaHug.com): 100 g in Oliv (Farbe 273)
- Häkelnadel 3,0–4,0 mm

MASCHENPROBE

Halbe Stäbchen
18 M und 11 R = 10 x 10 cm

Hinweis: Die Häkelarbeit muss sich schön locker anfühlen, sodass ein weiches Tuch entsteht. Fühlt sich die Arbeit zu fest an, eine größere Nadelstärke wählen.

Muster

Halbe Stäbchen in hin- und hergehenden Reihen

Die Häkelschrift zeigt ab der linken Spitze die ersten 11 Reihen mit Zunahmen am rechten Rand. Ab der 12.–20. Reihe werden die Abnahmen gezeigt. Die Abfolge der M und R ist in der nachfolgenden Anleitung aufgeführt.

... weiter geht es auf Seite 6

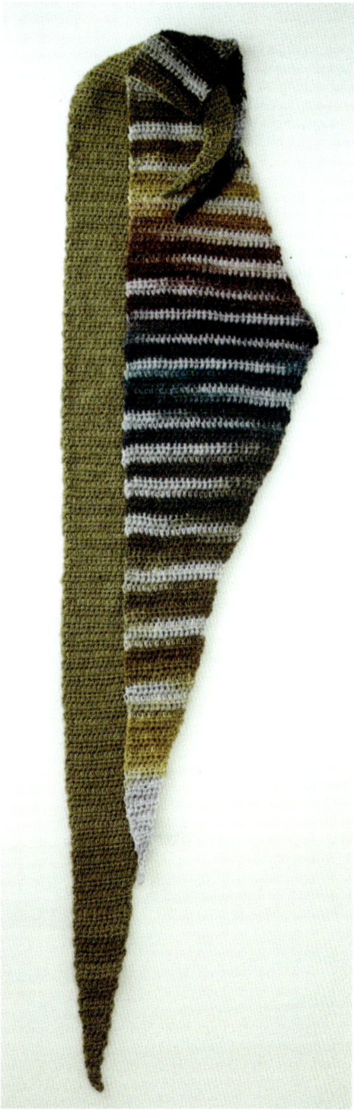

Häkelschrift Kari

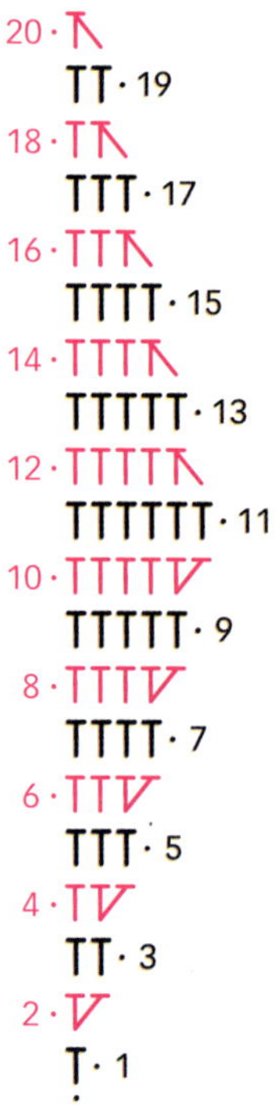

Zeichenerklärung (ausführliche Erklärungen siehe Umschlag)

- · = 1 Luft-M
- T = 1 halbes Stäbchen
- ⊼ = 2 halbe Stäbchen zusammen abmaschen
- V = 2 halbe Stäbchen in 1 Einstichstelle

Anleitung

An der linken Spitze beginnend 1 Luft-M anschlagen und laut Häkelschrift arbeiten. Für die 1. R 1 zusätzliche Steige-Luft-M häkeln und in die Anschlag-Luft-M 1 halbes Stäbchen arbeiten. Für jede folgende R die Arbeit mit 1 Steige-Luft-M wenden. 2. R: 2 halbe Stäbchen in die M der 1. R; 3. R: je 1 halbes Stäbchen in jede M; 4. R: 1 halbes Stäbchen in die 1. M, 2 halbe Stäbchen in die folgende M; 5. R: je 1 halbes Stäbchen in jede M; 6. R: je 1 halbes Stäbchen in die ersten 2 M, 2 halbe Stäbchen in die letzte M; 7.-11. R: Laut Häkelschrift arbeiten. Danach die 10. und 11. R stets wiederholen und die Zunahmen sinngemäß fortführen, bis nach 65 (70) cm ab Anschlag die Mitte des Tuches erreicht ist.
Nun mit den Abnahmen beginnen und dafür die 12. und 13. R stets wiederholen, bis nach einer 13. R nur noch 5 M in Arbeit sind. Dann mit der 14.-20. R enden.

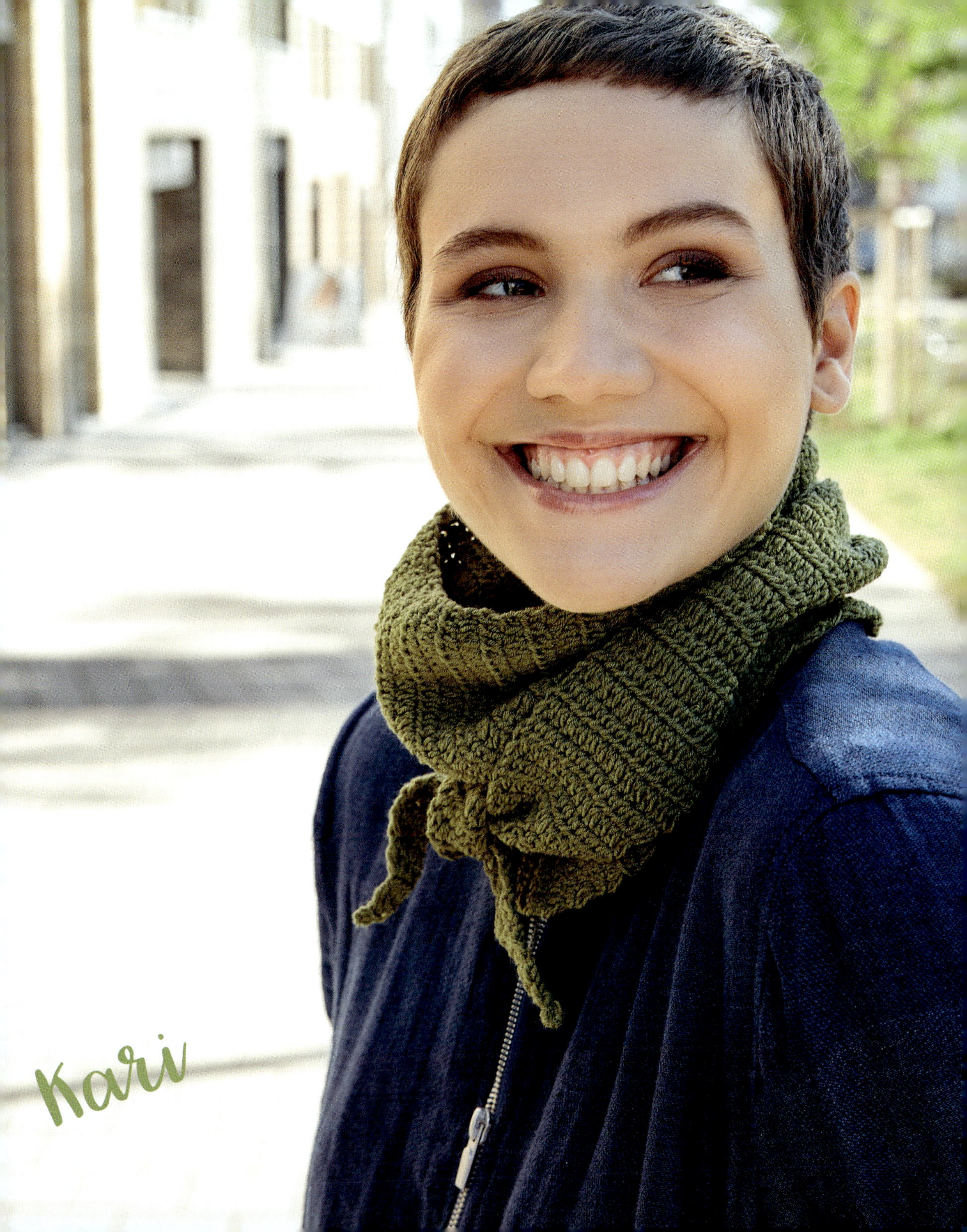
Kari

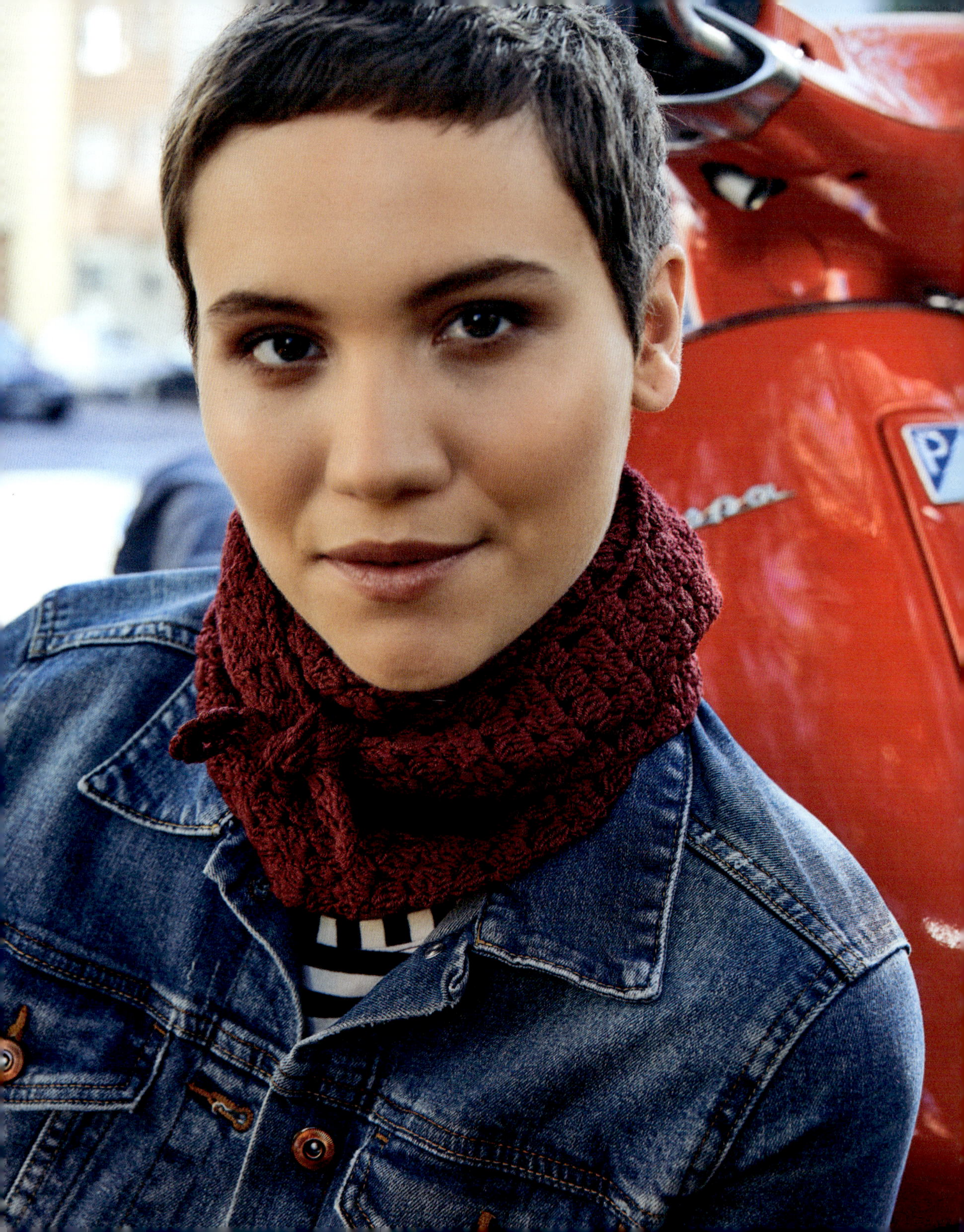

ALVA

... die Zauberhafte

LEVEL

●●○

GRÖSSE

Tuch A: 120 x 28 cm

Tuch B: 144 x 36 cm

MATERIAL

- Tuch A: Woolly Hugs MERINO SILK SOCKS (58 % Schurwolle (Merino), 25 % Polyamid, 11 % Seide, 6 % Polyester Elité, Lauflänge ca. 420 m/100 g) von L&K (www.VeronikaHug.com): 100 g in Bordeaux (Farbe 238)
- Tuch B: Woolly Hugs MERINO YEAR SOCKS (75 % Schurwolle, 25 % Polyamid, Lauflänge ca. 400 m/100 g) von L&K (www.VeronikaHug.com): 100 g in Pink-Tönen (Farbe 04)

MASCHENPROBE

7,5 Büschel-M und 7 R = 10 x 10 cm

Hinweis: Die Häkelarbeit muss sich schön locker anfühlen, sodass ein weiches Tuch entsteht. Fühlt sich die Arbeit zu fest an, eine größere Nadelstärke wählen.

Muster

Büschel-Muster in hin- und hergehenden Reihen

Die Häkelschrift zeigt ab der rechten Spitze die ersten 9 R mit Zunahmen am linken Rand.
Ab der 10.-17. R werden die Abnahmen gezeigt. Die Abfolge der M und R ist in der nachfolgenden Anleitung aufgeführt.

Kleine Büschel-Masche

* 1 Umschlag um die Nadel legen, einstechen und den Faden durchholen, den Faden holen und durch 2 Schlingen ziehen, ab * noch 2 x wiederholen, dann nochmals den Faden holen und durch alle 4 auf der Nadel liegenden Schlingen ziehen.

Große Büschel-Masche

* 1 Umschlag um die Nadel legen, einstechen und den Faden durchholen, den Faden holen und durch 2 Schlingen ziehen, ab * noch 1 x wiederholen, dann 2 Umschläge um die Nadel legen, nochmals einstechen und den Faden holen, den Faden holen und durch 2 Schlingen ziehen, nochmals den Faden holen und durch 2 Schlingen ziehen, dann abschließend nochmals den Faden holen und durch alle 4 auf der Nadel liegenden Schlingen ziehen.

Anleitung

An der rechten Spitze beginnend 1 Luft-M anschlagen und laut Häkelschrift arbeiten. Für die 1. R 3 Luft-M als Ersatz für das 1. Stäbchen häkeln und in die Anschlag-Luft-M 1 große Büschel-M häkeln; 2. R: Mit 4 Luft-M die Arbeit wenden, 1 kleine Büschel-M auf die große Büschel-M der 1. R häkeln, 1 Luft-M, 1 Stäbchen in die 3. Ersatz-Luft-M der 1. R; 3. R: Mit 3 Luft-M als Ersatz für das 1. Stäbchen die Arbeit wenden, 1 kleine Büschel-M um die folgende Luft-M der Vor-R, 1 Luft-M, 1 große Büschel-M um die folgende Luft-M (= 4. Luft-M der 2. R); 4. R: Mit 4 Luft-M die Arbeit wenden, 1 kleine Büschel-M auf die große Büschel-M, 1 Luft-M, 1 kleine Büschel-M um die folgende Luft-M, 1 Luft-M, 1 Stäbchen in die 3. Ersatz-Luft-M der 3. R; 5. R: Mit 3 Luft-M als Ersatz für das 1. Stäbchen die Arbeit wenden, 1 kleine Büschel-M um die folgende Luft-M, 1 Luft-M, 1 kleine Büschel-M um die folgende Luft-M, 1 Luft-M, 1 große Büschel-M um die folgende Luft-M (= 4. Luft-M der 4. R); 6. R: Mit 4 Luft-M die Arbeit wenden, 1 kleine Büschel-M auf die große Büschel-M, * 1 Luft-M, 1 kleine Büschel-M um die folgende Luft-M, ab * noch 1 x wiederholen, 1 Luft-M, 1 Stäbchen in die 3. Ersatz-Luft-M der 5. R; 7. R: Mit 3 Luft-M als Ersatz für

... weiter geht es auf Seite 10

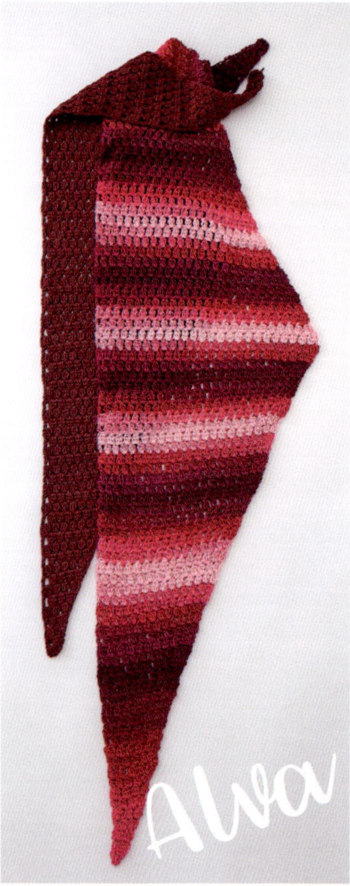

das 1. Stäbchen die Arbeit wenden, * 1 kleine Büschel-M um die folgende Luft-M, 1 Luft-M, ab * noch 2 x wiederholen, enden mit 1 große Büschel-M um die folgende Luft-M (= 4. Luft-M der 6. R); 8. und 9. R: Laut Häkelschrift arbeiten. Danach die 8. und 9. R stets wiederholen und die Zunahmen sinngemäß fortführen, bis nach 60 (72) cm ab Anschlag die Mitte des Tuches erreicht ist.
Nun mit den Abnahmen beginnen und dafür die 10. und 11. R stets wiederholen, bis nach einer 11. R nur noch 9 M in Arbeit sind. Dann mit der 12.-17. R enden.

Häkelschrift Alva

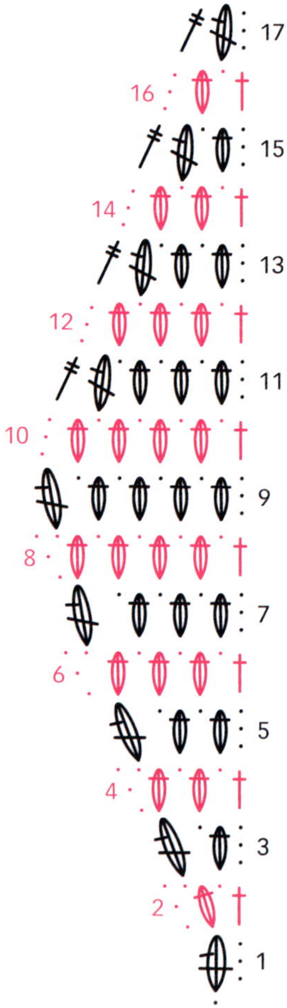

Zeichenerklärung (ausführliche Erklärungen siehe Umschlag)

- · = 1 Luft-M
- † = 1 Stäbchen
- = 1 Doppel-Stäbchen
- = 1 kleine Büschel-M (siehe Anleitung)
- = 1 große Büschel-M (siehe Anleitung)

SANNE

... die Wahrhaftige

LEVEL

●●●

GRÖSSE

Tuch A in Holz: 124 x 22 cm

Tuch B in Hellbeige: 144 x 25,5 cm

Tuch C in Curry: 164 x 29 cm

MATERIAL

- Woolly Hugs MERINO SILK SOCKs (58 % Wolle, 25 % Polyamid, 11 % Seide, 6 % Polyester Elité, Lauflänge ca. 420 m/100 g) von L&K (www.VeronikaHug.com): 100 g in Holz (Farbe 212), Hellbeige (Farbe 205) oder Curry (Farbe 223)
- Häkelnadel 3,0-4,0 mm

MASCHENPROBE

Im Gittermuster
20 M und 12 R = 10 x 10 cm

Hinweis: Die Häkelarbeit muss sich schön locker anfühlen, sodass ein weiches Tuch entsteht. Fühlt sich die Arbeit zu fest an, eine größere Nadelstärke wählen.

Muster

Gittermuster in hin- und hergehenden Reihen

Die Häkelschrift zeigt ab der unteren Spitze die ersten 6 R mit beidseitigen Zunahmen. In jeder ungeraden R werden beidseitig 8 M zugenommen. Die Abfolge der M und R ist in der nachfolgenden Anleitung aufgeführt.

Anleitung

An der unteren Spitze beginnend 9 Luft-M anschlagen und laut Häkelschrift arbeiten. Für die 1. R 1 zusätzliche Steige-Luft-M häkeln und in jede Luft-M 1 halbes Stäbchen arbeiten; 2. R: Mit 1 Steige-Luft-M die Arbeit wenden und in die ersten 3 M je 1 halbes Stäbchen arbeiten, die folgende M mit 1 Luft-M übergehen, 1 halbes Stäbchen in die mittlere M, die folgende M mit 1 Luft-M übergehen, je 1 halbes Stäbchen in die letzten 3 M; 3. R: Am Ende der 2. R für die Zunahmen 10 Luft-M arbeiten und mit 1 zusätzlichen Steige-Luft-M die Arbeit wenden. Die 10 Luft-M mit je 1 halben Stäbchen behäkeln, die

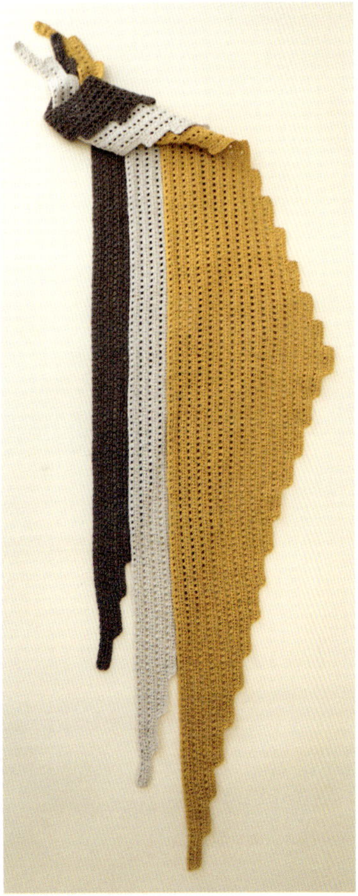

... weiter geht es auf Seite 12

folgenden 9 M mit je 1 halben Stäbchen behäkeln, dabei bei der letzten M 1 Fuß-Schlinge arbeiten wie folgt: Für das halbe Stäbchen 1 Umschlag auf die Nadel nehmen, in die letzte M einstechen, den Faden holen und durchziehen. Nun für die Fuß-Schlinge den Faden nochmals holen und nur durch 1 Schlinge ziehen. Dadurch bildet sich 1 Luft-M, in welche für die folgende zugenommene M eingestochen wird. Dann den Faden holen und durch alle 3 Schlingen ziehen. Nun 8 halbe Stäbchen mit Fuß-Schlingen wie folgt zunehmen: * 1 Umschlag auf die Nadel legen, in die Fuß-Schlinge der vorigen M einstechen und den Faden durchziehen. Nun für die Fuß-Schlinge den Faden nochmals holen und nur durch 1 Schlinge ziehen, dann den Faden holen und durch alle 3 Schlingen ziehen. Ab * noch 9 x wiederholen = 29 M; 4. R: Mit 1 Steige-Luft-M die Arbeit wenden und in die ersten 3 M je 1 halbes Stäbchen häkeln, dann abwechselnd 1 M mit 1 Luft-M übergehen und in die folgende M 1 halbes Stäbchen häkeln, bis am Ende der R nur noch 3 M liegen. Diese 3 M mit je 1 halben Stäbchen behäkeln; 5. R: Wie die 3. R arbeiten, jedoch statt 9 M nun 29 M mit halben Stäbchen behäkeln; 6. R: Wie die 4. R arbeiten. Danach die 5. und 6. R stets wiederholen und die Zunahmen systematisch fortsetzen, bis die Spannweite von 124 (144) 164 cm erreicht ist. Wer eine geschlossene Abschlusskante möchte, wendet nach einer 6. R der Häkelschrift mit 1 Steige-Luft-M die Arbeit und behäkelt jede M mit 1 halben Stäbchen.

Häkelschrift Sanne

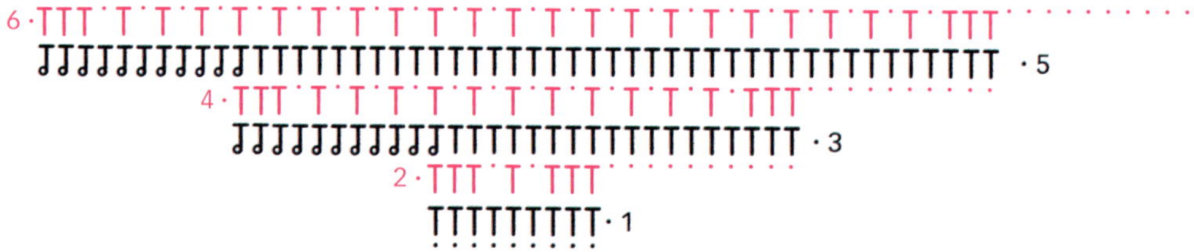

Zeichenerklärung (ausführliche Erklärungen siehe Umschlag)

· = 1 Luft-M

T = 1 halbes Stäbchen

Ʈ = 1 halbes Stäbchen mit Fuß-Schlinge

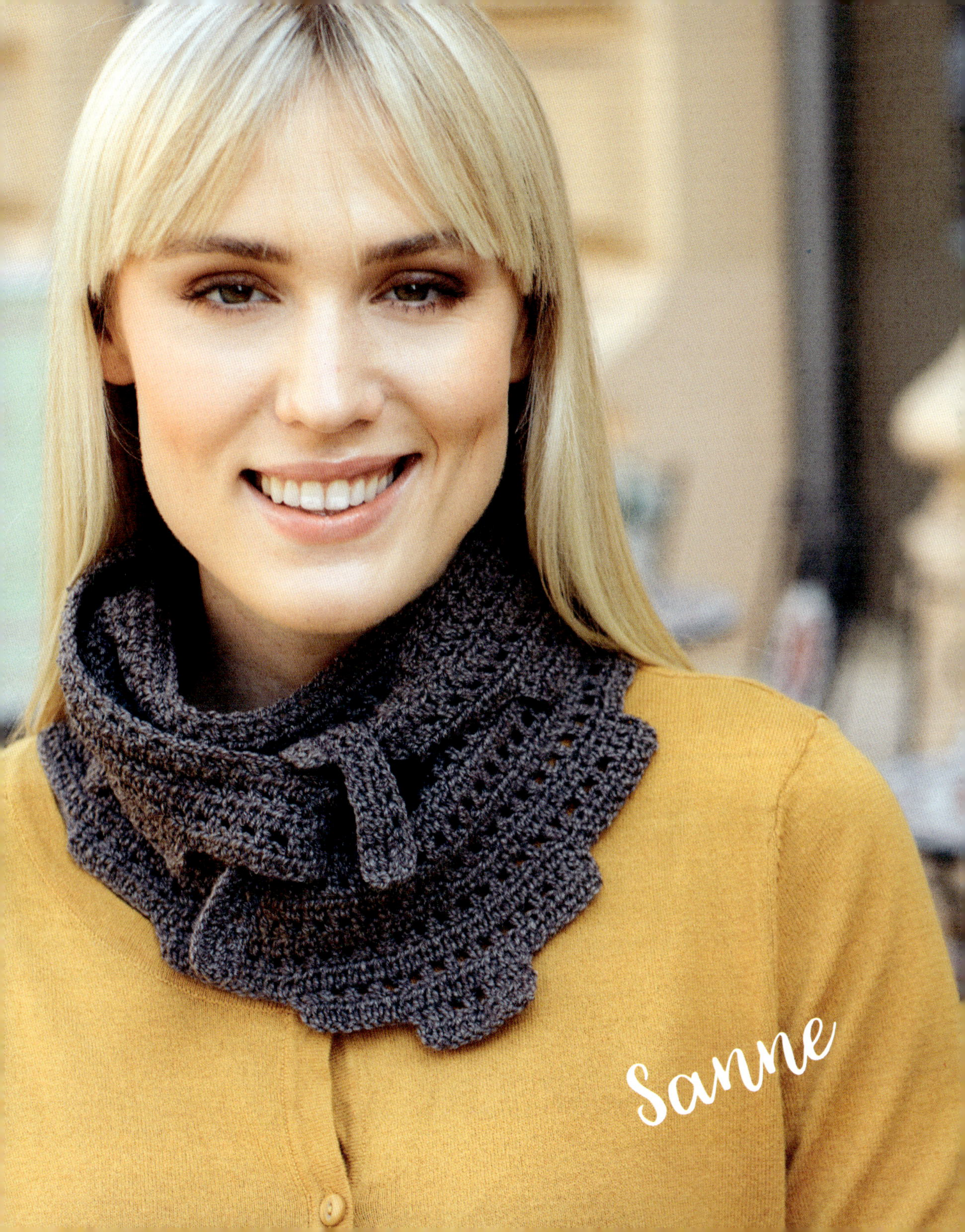
Sanne

ILMA

... die Wissende

LEVEL

●●○

GRÖSSE

Tuch A in Hellgrau: 130 x 24 cm

Tuch B in Blau/Türkis: 130 x 24 cm

MATERIAL

- Tuch A: Woolly Hugs MERINO SILK SOCKS (58 % Wolle, 25 % Polyamid, 11 % Seide, 6 % Polyester Elité, Lauflänge ca. 420 m/100 g) von L&K (www.VeronikaHug.com): 100 g in Hellgrau (Farbe 291)
- Tuch B: Woolly Hugs PAINT SOCKS (75 % Schurwolle, 25 % Polyamid, Lauflänge ca. 420 m/100 g) von L&K (www.VeronikaHug.com): 100 g in Blau/Türkis (Farbe 201)
- Häkelnadel 3,0-4,0 mm

MASCHENPROBE

Im Hoch-Tief-Muster

15 M und 13,5 R = 10 x 10 cm

Hinweis: Die Häkelarbeit muss sich schön locker anfühlen, sodass ein weiches Tuch entsteht. Fühlt sich die Arbeit zu fest an, eine größere Nadelstärke wählen.

HÄKELSCHRIFT

Umschlagklappe

Muster

Hoch-Tief-Muster in hin- und hergehenden Reihen

Die Häkelschrift zeigt ab der unteren Spitze die ersten 6 R mit beidseitigen Zunahmen. In jeder R werden am Ende 6 M zugenommen. Die Abfolge der M und R ist in der nachfolgenden Anleitung aufgeführt.

Anleitung

An der unteren Spitze beginnend 1 Luft-M anschlagen und laut Häkelschrift arbeiten. Für die 1. R 1 zusätzliche Steige-Luft-M häkeln und in die Anschlag-Luft-M 1 feste M mit Fuß-Schlinge arbeiten wie folgt: In die Anschlag-M einstechen, den Faden holen und durchziehen. Nun für die Fuß-Schlinge den Faden nochmals holen und nur durch 1 Schlinge ziehen. Dadurch bildet sich 1 Luft-M, in welche für die folgende feste M eingestochen wird. Dann den Faden holen und durch alle 2 Schlingen ziehen. Nun weitere 5 feste M mit Fuß-Schlingen zunehmen: * in die Fuß-Schlinge der vorigen M einstechen und den Faden durchziehen. Nun für die Fuß-Schlinge den Faden nochmals holen und nur durch 1 Schlinge ziehen, dann den Faden holen und durch alle 2 Schlingen ziehen. Ab * noch 4 x wiederholen = 6 M; 2. R: mit 2 zusätzlichen Steige-Luft-M die Arbeit wenden, in die 1. M 2 Stäbchen arbeiten, 1 M übergehen, 1 feste M in die folgende M, 2 Stäbchen in die folgende M, 1 M übergehen, in die letzte M 1 feste M mit Fußschlinge arbeiten und anschließend für die Zunahmen weitere 6 feste M mit Fuß-Schlingen häkeln; 3. R: mit 2 zusätzlichen Steige-Luft-M die Arbeit wenden, in die 1. M 2 Stäbchen arbeiten, 1 M übergehen, 1 feste M in die folgende M, * in die folgende M 2 Stäbchen arbeiten, 1 M übergehen, 1 feste M in die folgende M, ab * noch 2 x wiederholen, dabei die letzte feste M mit Fuß-Schlinge häkeln. Dann für die Zunahmen 6 weitere feste M mit Fuß-Schlingen arbeiten; 4. R: mit 2 zusätzlichen Steige-Luft-M die Arbeit wenden, in die 1. M 2 Stäbchen arbeiten, 1 M übergehen, * in die folgende M 1 feste M, in die folgende M 2 Stäbchen arbeiten, 1 M übergehen, ab * noch 4 x wiederholen, 1 feste M mit Fuß-Schlinge arbeiten. Dann für die Zunahmen 6 weitere feste M mit Fuß-Schlingen arbeiten; 5. R: Wie die 4. R arbeiten, nur ab * 6 x wiederholen; 6. R: Wie die 4. R arbeiten, nur ab * 8 x wiederholen. Danach die 5. und 6. R stets wiederholen, bis die Spannweite von 130 cm erreicht ist. Die letzte Reihe ohne weitere Zunahmen häkeln und die Reihe mit 1 festen M in die letzte M beenden.

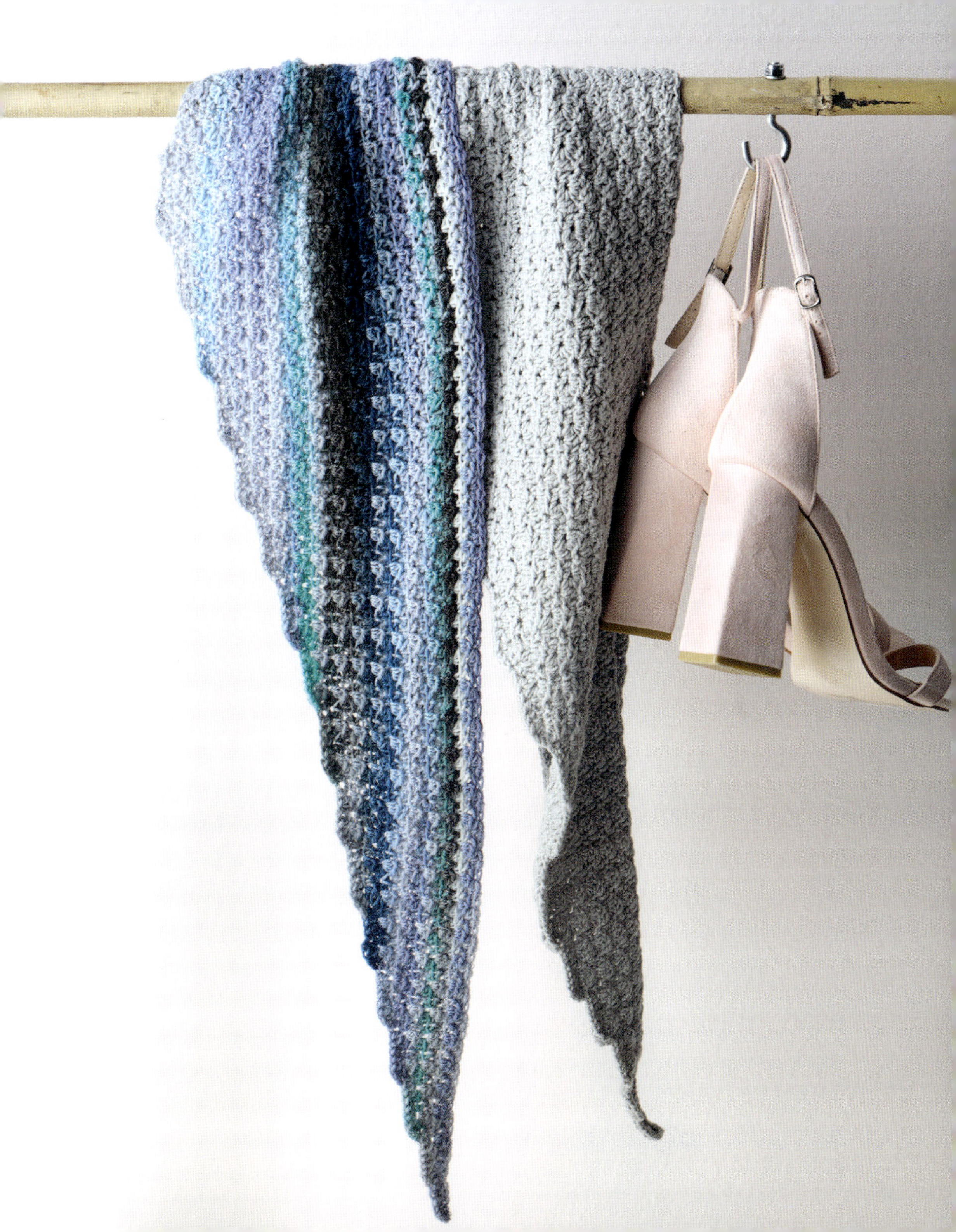

INGA

... die Fruchtbare

LEVEL

●●●

GRÖSSE

Tuch A in Smaragd: 130 x 33 cm

Tuch B in Beige-Türkis (Bobbel von außen): 160 x 38 cm

Tuch C in Petrol-Tönen (Bobbel von innen): 180 x 42 cm

MATERIAL

- Tuch A: Woolly Hugs MERINO SILK SOCKS (58 % Schurwolle (Merino), 25 % Polyamid, 11 % Seide, 6 % Polyester Elité, Lauflänge ca. 420 m/100 g) von L&K (www.VeronikaHug.com): 100 g in Smaragd (Farbe 266)
- Tuch B und C: Woolly Hugs BOBBEL COTTON (50 % Baumwolle, 50 % Polyamid, Lauflänge ca. 800 m/200 g) von L&K (www.VeronikaHug.com): für beide Tücher zusammen 1 BOBBEL (Farbe 59)
- Häkelnadel 3,0-4,0 mm

MASCHENPROBE

7 x 7 Kästchen = 10 x 10 cm

Hinweis: Die Häkelarbeit muss sich schön locker anfühlen, sodass ein weiches Tuch entsteht. Fühlt sich die Arbeit zu fest an, eine größere Nadelstärke wählen.

Muster

Kästchenmuster in hin- und hergehenden Reihen

Die Häkelschrift zeigt die ersten 8 Reihen ab der unteren Spitze. Die Abfolge der Maschen und Reihen ist in der nachfolgenden Anleitung aufgeführt.

Anleitung

Tuch A: An der unteren Spitze (beim Pfeil) beginnend 19 Luft-M anschlagen und für das 1. gefüllte Kästchen 3 weitere Luft-M als Ersatz für das 1. Stäbchen anschlagen. Dann in die 18. und 17. Luft-M je 1 Stäbchen häkeln. Nun 1 Kett-M in die 13. Luft-M arbeiten. Für das 2. gefüllte Kästchen 3 Luft-M häkeln und in die 12. und 11. Luft-M je 1 Stäbchen arbeiten. Nun 1 Kett-M in die 7. Luft-M arbeiten. Für das 3. gefüllte Kästchen 3 Luft-M häkeln und in die 6. und 5. Luft-M je 1 Stäbchen häkeln. Abschließend 1 Kett-M in die 1. Luft-M arbeiten (= 1. Reihe der Häkelschrift – schwarze Zeichen). Anschließend für die 2. Reihe der Häkelschrift (= pinkfarbene Zeichen) mit 4 Luft-M für die Kante die Arbeit wenden und für das 1. gefüllte Kästchen der 2. Reihe 3 Luft-M als Ersatz für das 1. Stäbchen häkeln. Dann in die 3., 2. und 1. Luft-M je 1 Stäbchen häkeln. Nun mit 1 Kett-M an der 3. Ersatz-Luft-M für das 1. Stäbchen des 3. Kästchens der 1. Reihe anschlingen und für das 2. gefüllte Kästchen 3 Luft-M als Ersatz für das 1. Stäbchen häkeln. * Nun 3 Stäbchen um die Ersatz-Luft-M für das 1. Stäbchen der 1. Reihe häkeln. Dann wieder mit 1 Kett-M an der 3. Ersatz-Luft-M für das 1. Stäbchen des 2. Kästchens der 1. Reihe anschlingen und ab * 1 x wiederholen, dann 3 Stäbchen um die Ersatz-Luft-M für das 1. Stäbchen der 1 Reihe häkeln.

Für die 3. Reihe (= türkisfarbene Zeichen in der Häkelschrift) mit 10 Luft-M für die Kante die Arbeit wenden und für das 1. gefüllte Kästchen 3 Luftmaschen als Ersatz für das 1. Stäbchen häkeln. Laut Häkelschrift weiterarbeiten.

Die 1.-8. Reihe 1 x arbeiten, dann die 7. und 8. Reihe so lange wiederholen, bis beim kleinen Tuch die Spannweite von 130 cm erreicht ist.

... weiter geht es auf Seite 18

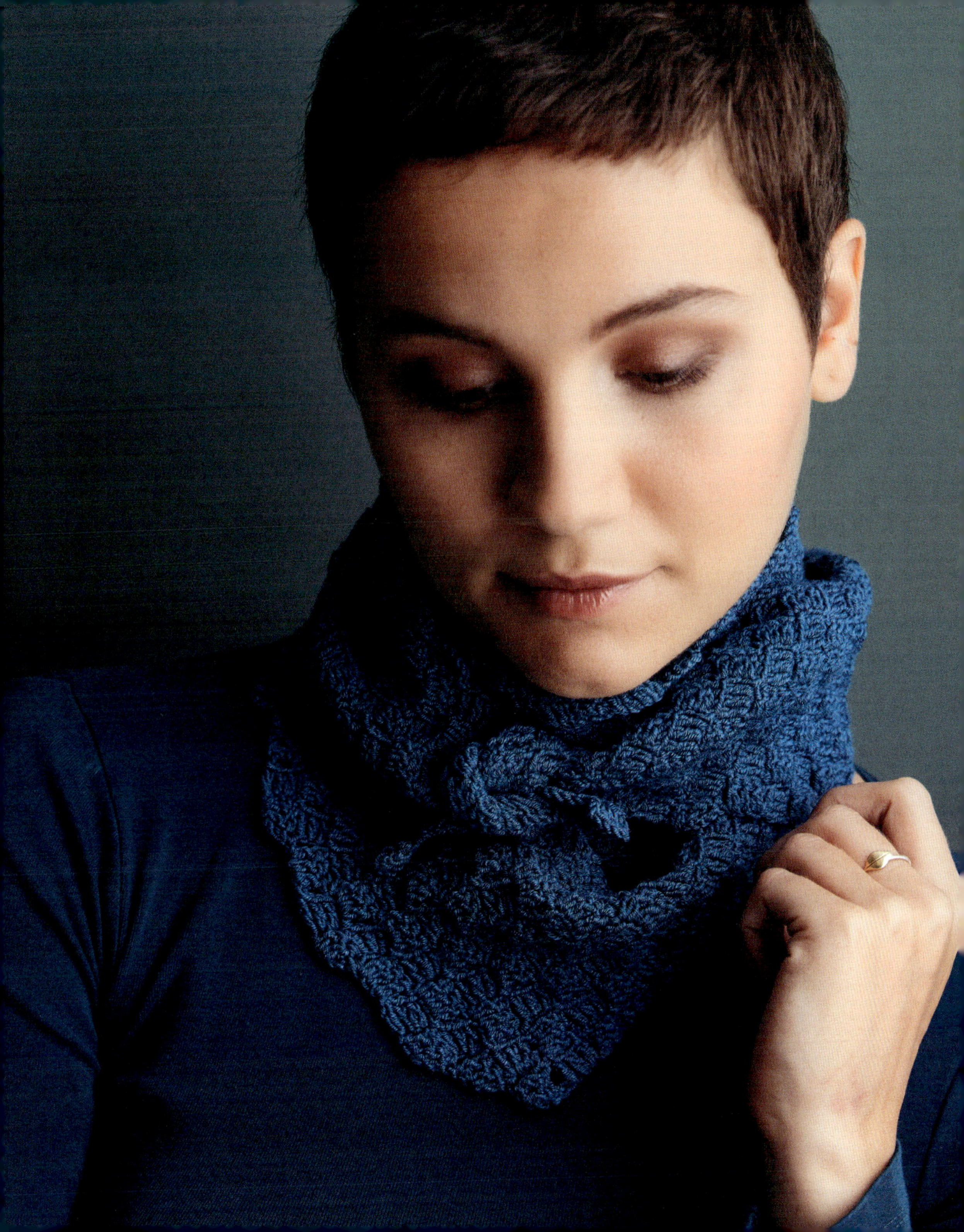

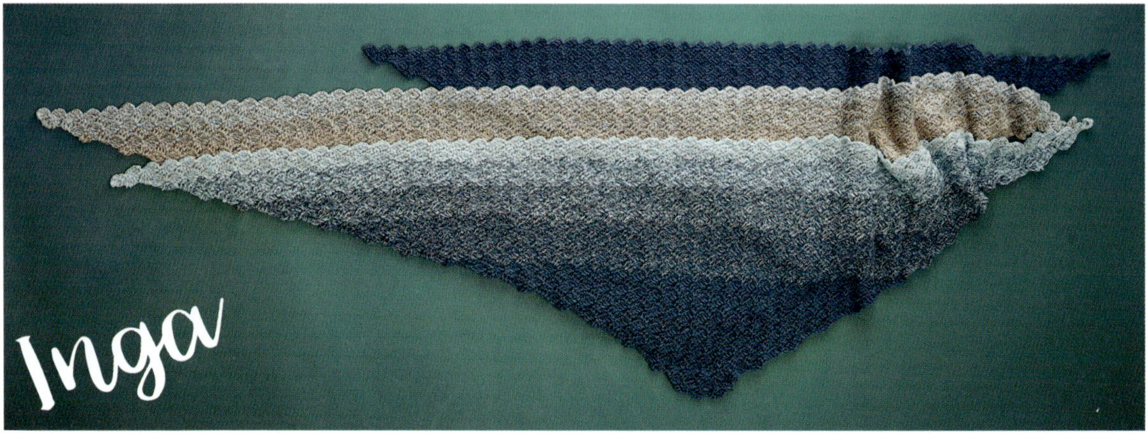

Tuch B: Wie Tuch A arbeiten, dabei den BOBBEL von innen abhäkeln und nach 160 cm Spannweite enden.

Tuch C: Wie Tuch A arbeiten, dabei den Rest vom BOBBEL von außen abhäkeln. (Die Spannweite des Originals misst ca. 180 cm)

Zeichenerklärung (ausführliche Erklärungen siehe Umschlag)

· = 1 Luft-M

⌒ = 1 Kett-M

† = 1 Stäbchen

Häkelschrift Inga

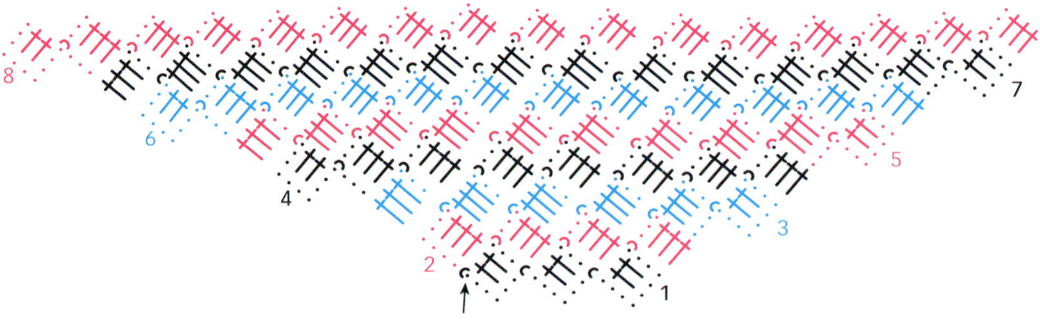

ASTRID

... die göttlich Schöne

LEVEL

●○○

GRÖSSE

150 x 22 cm

MATERIAL

- Woolly Hugs MERINO YEAR SOCKS (75 % Schurwolle, 25 % Polyamid, Lauflänge ca. 400 m/100 g) von L&K (www.VeronikaHug.com): 100 g in Regenbogen (Farbe 17)
- Häkelnadel 3,0-4,0 mm

MASCHENPROBE

9 V-Stäbchen und 9 R
= 10 x 10 cm

Hinweis: Die Häkelarbeit muss sich schön locker anfühlen, sodass ein weiches Tuch entsteht. Fühlt sich die Arbeit zu fest an, eine größere Nadelstärke wählen.

Muster

V-Stäbchen in hin- und hergehenden Reihen

Die Häkelschrift zeigt ab der linken Spitze die ersten 9 R mit Zunahmen am rechten Rand. Ab der 10.-17. R werden die Abnahmen gezeigt. Die Abfolge der M und R ist in der nachfolgenden Anleitung aufgeführt.

V-Stäbchen

1 Stäbchen, 1 Luft-M und 1 Stäbchen um die Luft-M der Vor-R.

... weiter geht es auf Seite 20

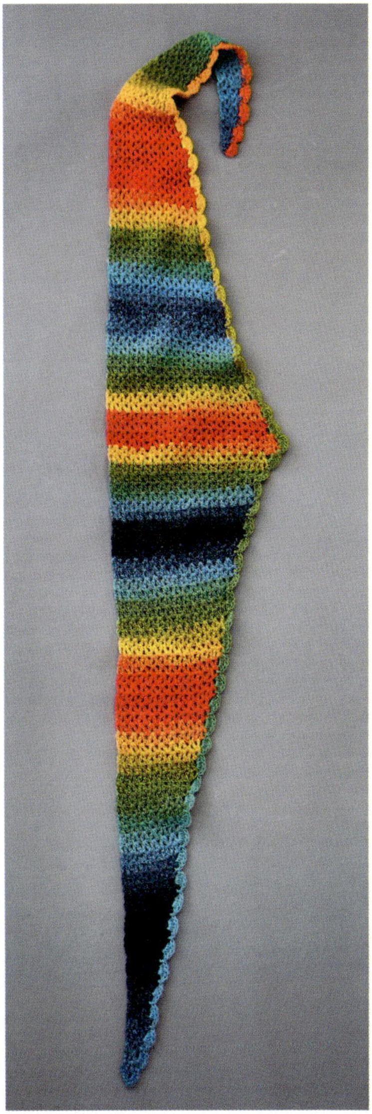

Anleitung

An der linken Spitze beginnend 1 Luft-M anschlagen und laut Häkelschrift arbeiten. Für die 1. R 3 Luft-M als Ersatz für das 1. Stäbchen häkeln und in die Anschlag-Luft-M 1 Stäbchen, 1 Luft-M und 2 Stäbchen häkeln; 2. R: Mit 3 Luft-M die Arbeit wenden, um die Luft-M 1 V-Stäbchen häkeln, enden mit 1 Luft-M und 1 Stäbchen in die 3. Ersatz-Luft-M der 1. R; 3. R: Mit 3 Luft-M als Ersatz für das 1. Stäbchen die Arbeit wenden, 1 weitere Luft-M arbeiten, um die Luft-M der Vor-R 1 V-Stäbchen häkeln, enden mit 1 Stäbchen in die 3. Ersatz-Luft-M der 2. R; 4. R: Mit 3 Luft-M als Ersatz für das 1. Stäbchen die Arbeit wenden, je 1 V-Stäbchen um die folgenden 2 Luft-M, enden mit 1 Stäbchen in die 3. Ersatz-Luft-M der Vor-R; 5. R: Wie die 4. R arbeiten; 6. R: Mit 3 Luft-M die Arbeit wenden, je 1 V-Stäbchen um die folgenden 2 Luft-M, 1 Luft-M, enden mit 1 Stäbchen in die 3. Ersatz-Luft-M der 5. R; 7. R: Mit 3 Luft-M als Ersatz für das 1. Stäbchen die Arbeit wenden, 1 weitere Luft-M arbeiten, um die folgenden 2 Luft-M je 1 V-Stäbchen häkeln, enden mit 1 Stäbchen in die 3. Ersatz-Luft-M der 6. R; 8. und 9. R: Laut Häkelschrift arbeiten. Danach die 6.-9. stets wiederholen und die Zunahmen sinngemäß fortführen, bis nach 75 cm ab Anschlag die Mitte des Tuches erreicht ist.

Nun mit den Abnahmen beginnen und dafür nach einer 9. R die 10.-13. R stets wiederholen, bis nach einer 13. R nur noch 9 M in Arbeit sind. Dann mit der 14.-21. R enden.

Fertigstellung

Gleich im Anschluss an die letzte R die rechte Kante des Tuches laut Häkelschrift (grüne Zeichen) behäkeln.

Zeichenerklärung (ausführliche Erklärungen siehe Umschlag)

- · = 1 Luft-M
- ı = 1 feste M
- † = 1 Stäbchen
- V = 1 V-Stäbchen
- A = 3 Luft-M und 2 zusammen abgemaschte Stäbchen

Häkelschrift Astrid

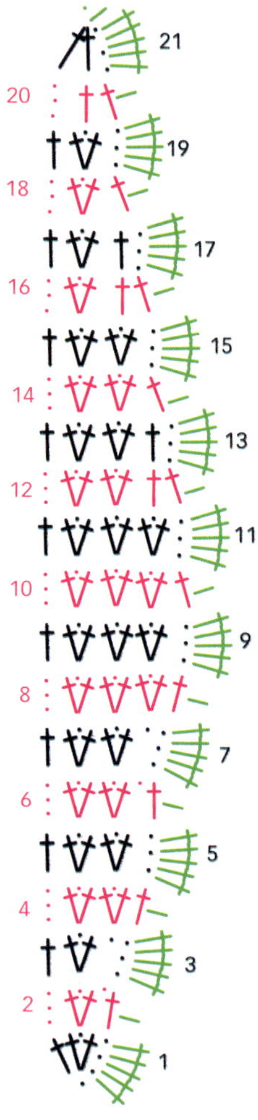

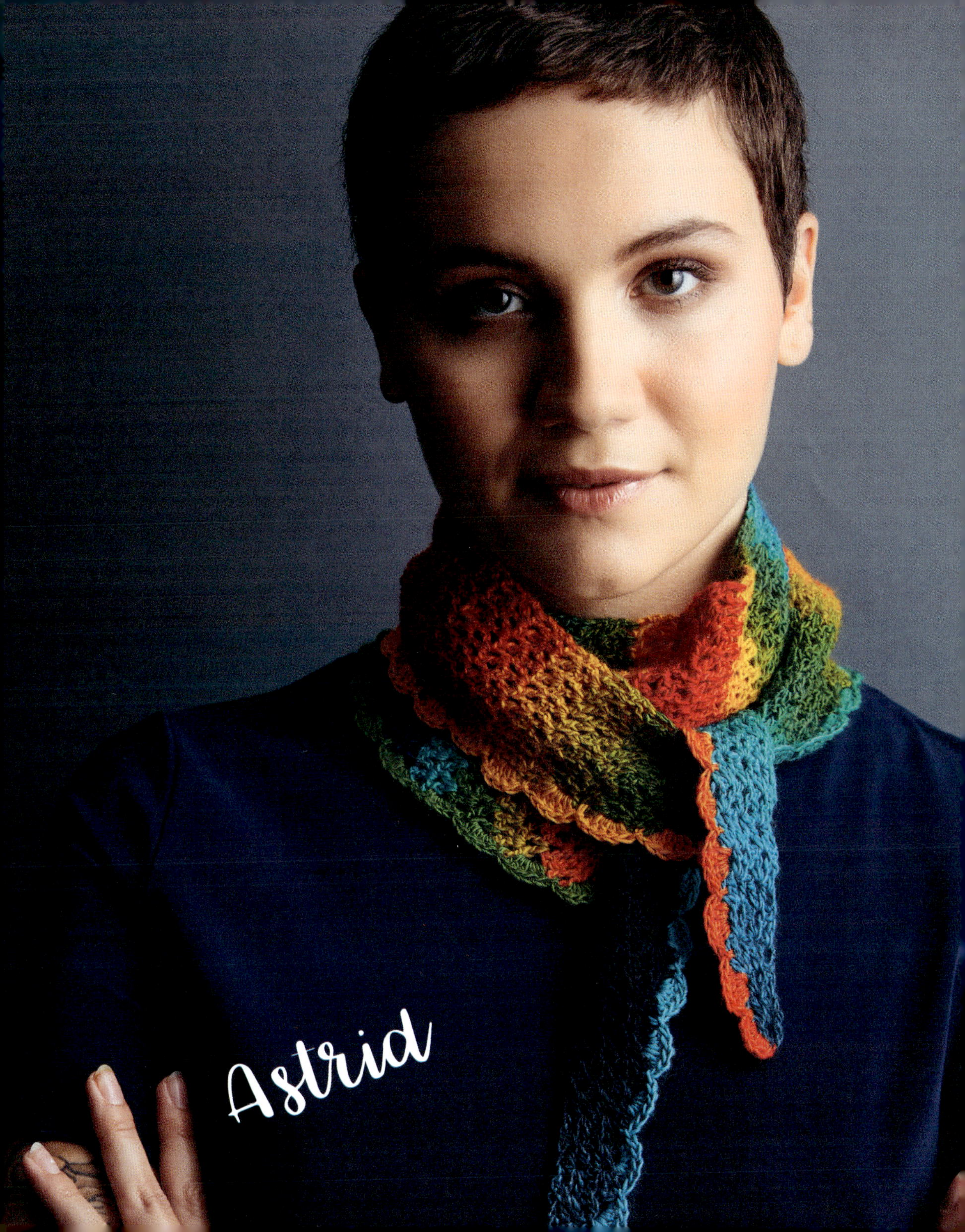
Astrid

MADITA

... die kleine Perle

LEVEL

●○○

GRÖSSE

Tuch A in Mittelgrau: 130 x 16 cm

Tuch B in Hellbeige: 170 x 20 cm

Tuch C in Regenbogen: 160 x 19 cm

MATERIAL

- Tuch A und B: Woolly Hugs MERINO SILK SOCKS (58 % Wolle, 25 % Polyamid, 11 % Seide, 6 % Polyester Elité, Lauflänge ca. 420 m/100 g) von L&K (www.VeronikaHug.com): 100 g in Mittelgrau (Farbe 295) bzw. in Hellbeige (Farbe 205)
- Tuch C: Woolly Hugs PAINT SOCKS (75 % Schurwolle, 25 % Polyamid, Lauflänge ca. 420 m/100 g) von L&K (www.VeronikaHug.com): 100 g in Regenbogen (Farbe 203)
- Häkelnadel 3,0-4,0 mm

MASCHENPROBE

Im Stäbchen-Gruppen-Muster 20 M und 9 R = 10 x 10 cm

Hinweis: Die Häkelarbeit muss sich schön locker anfühlen, sodass ein weiches Tuch entsteht. Fühlt sich die Arbeit zu fest an, eine größere Nadelstärke wählen.

HÄKELSCHRIFT

Umschlagklappe

Muster

Stäbchen-Gruppen in hin- und hergehenden Reihen

Die Häkelschrift zeigt ab der rechten Spitze die ersten 22 R mit Zunahmen am linken Rand. Ab der 23.-43. R werden die Abnahmen gezeigt. Die Abfolge der M und R ist in der nachfolgenden Anleitung aufgeführt. Ab der 17. R ist innerhalb des grünen Kästchens ein Mustersatz (MS) eingezeichnet. Stets mit den M vor dem MS beginnen, den MS stets wiederholen, enden mit den M nach dem MS.

Anleitung

An der rechten seitlichen Spitze beginnend 1 Luft-M anschlagen und laut Häkelschrift arbeiten. Für die 1. R 2 Luft-M und 1 Stäbchen in die Anschlag-Luft-M häkeln, dann 1 Luft-M arbeiten und ebenfalls in die Anschlag-Luft-M 2 zusammen abgemaschte Doppel-Stäbchen häkeln; 2. R: Mit 3 Luft-M die Arbeit wenden und 1 Doppel-Stäbchen in das zusammen abgemaschte Doppel-Stäbchen der 1. R arbeiten. Dann 1 Luft-M häkeln und 2 Stäbchen um die Luft-M der 1. R arbeiten, enden mit 2 zusammen abgemaschten Stäbchen auf das Stäbchen der 1. R; 3. R: Mit 2 Luft-M die Arbeit wenden, 1 Stäbchen auf die zusammen abgemaschten Stäbchen der 2. R, 1 Luft-M und 3 Stäbchen um die Luft-M der 2. R häkeln, enden mit 2 zusammen abgemaschten Doppel-Stäbchen in das Doppel-Stäbchen der 2. R; 4. R: Mit 3 Luft-M die Arbeit wenden, 1 Doppel-Stäbchen in das zusammen abgemaschte Doppel-Stäbchen der 3. R, 1 Luft-M und 2 Stäbchen um die Luft-M der 3. R häkeln, enden mit 2 zusammen abgemaschten Stäbchen in das Stäbchen der 3. R; 5.-22. R: Laut Häkelschrift arbeiten. Danach die 17.-22. R stets wiederholen bis nach 65 (85) 80 cm ab Anschlag die Mitte des Tuches erreicht ist. Nun mit den Abnahmen beginnen und dafür die 23.-28. R stets wiederholen, bis nach einer 28. R nur noch 13 M in Arbeit sind. Dann mit der 29.-43. R enden.

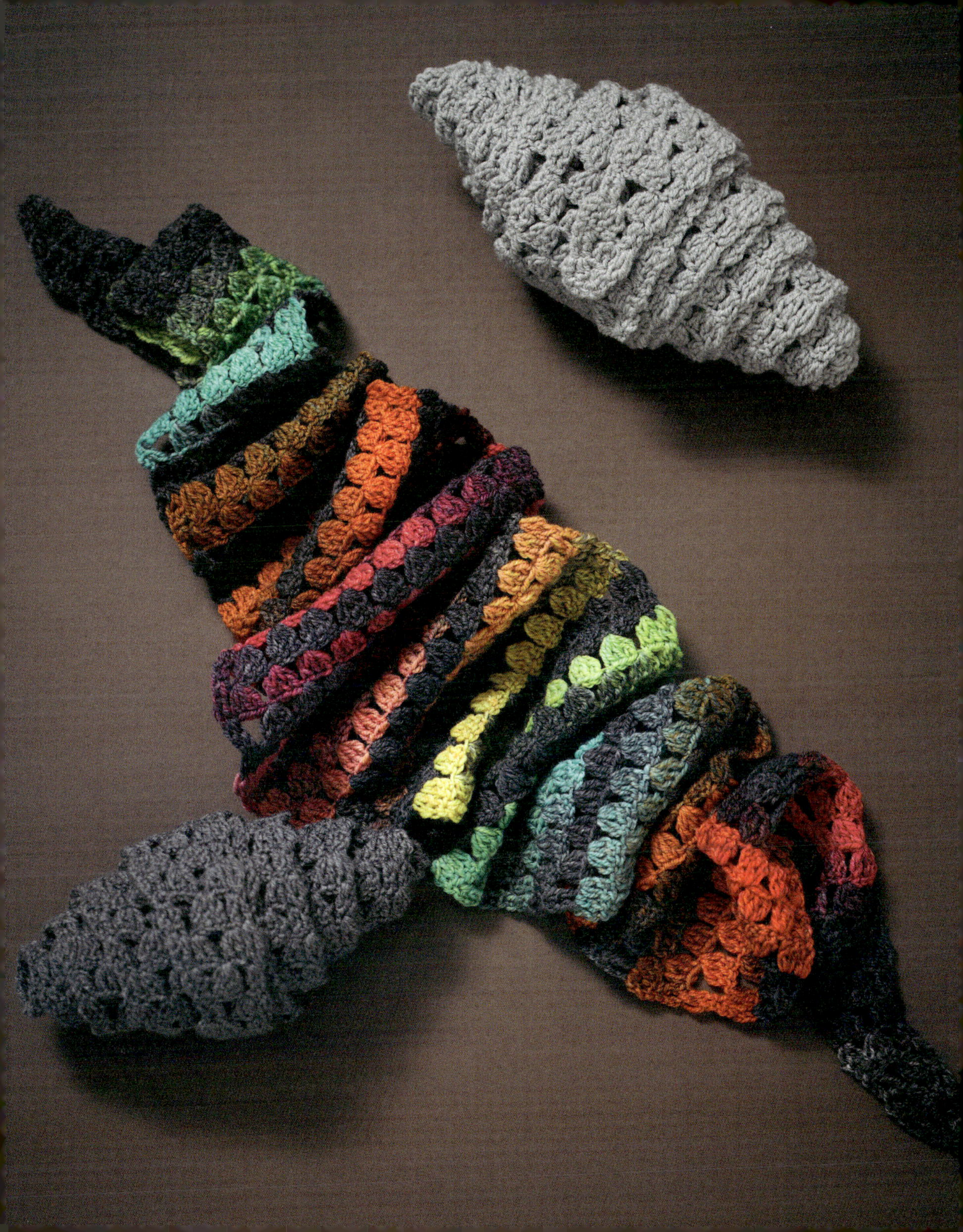

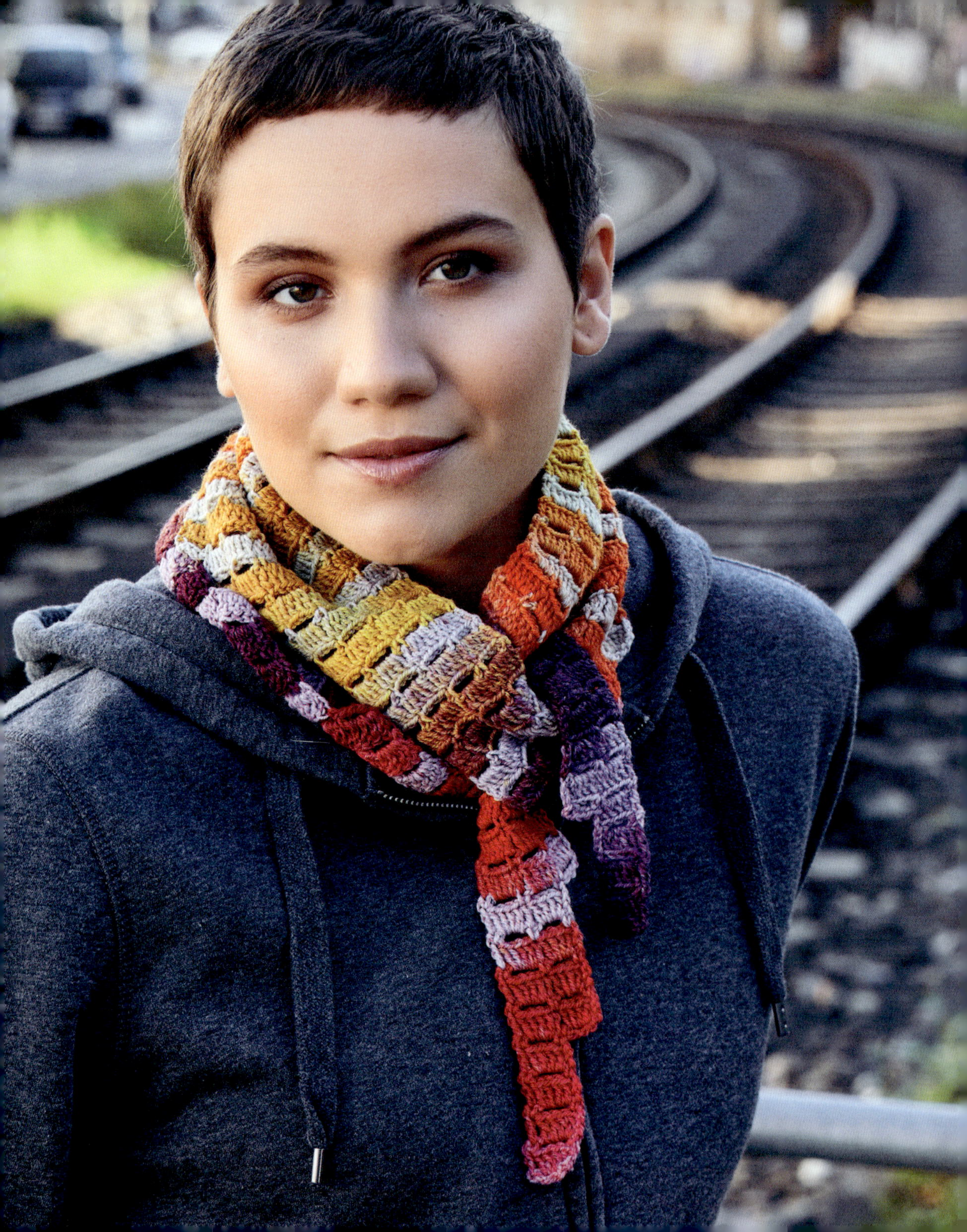

RONJA

... die Mutige

LEVEL

●●○

GRÖSSE

Tuch A in Gelb/Orange: 144 x 18,5 cm

Tuch B in Natur: 150 x 22 cm

MATERIAL

- Tuch A: Woolly Hugs PAINT SOCKS (75 % Schurwolle, 25 % Polyamid, Lauflänge ca. 420 m/100 g) von L&K (www.VeronikaHug.com): 100 g in Gelb/Orange (Farbe 200)
- Tuch B: Woolly Hugs SHEEP (50 % Wolle (Merino extrafine), 28 % Baumwolle, 22 % Polyamid, Lauflänge ca. 110 m/50 g) von L&K (www.VeronikaHug.com): 100 g in Natur (Farbe 02)
- Häkelnadel 3,0-4,0 mm (A), bzw. 5,0-6,0 mm (B)

MASCHENPROBEN

Tuch A: 6 Musterrapporte und 13 R = 10 x 10 cm

Tuch B: 3 Musterrapporte und 7,5 R = 10 x 10 cm

Hinweis: Die Häkelarbeit muss sich schön locker anfühlen, sodass ein weiches Tuch entsteht. Fühlt sich die Arbeit zu fest an, eine größere Nadelstärke wählen.

Muster

Gitter-Muster in hin- und hergehenden Reihen

Die Häkelschrift zeigt ab der linken Spitze die ersten 23 Reihen mit Zunahmen am rechten Rand. Ab der 24. Reihe werden die Abnahmen gezeigt. Die Reihenzahlen rechts und links neben der Häkelschrift beachten, da aus Platzgründen Reihen, die gleich gearbeitet werden, nur als Reihenzahl aufgeführt sind. Die Abfolge der M und R ist in der nachfolgenden Anleitung aufgeführt.

Anleitung

An der linken Spitze beginnend 4 Luft-M anschlagen und in die 1. Luft-M 1 Doppel-Stäbchen häkeln. Nun laut Häkelschrift weiterarbeiten. Für die 1. R die Arbeit mit 3 Luft-M als Ersatz für das 1. Stäbchen wenden, 4 Stäbchen um die 3 Luft-M häkeln und in die letzte Luft-M 1 Stäbchen arbeiten; 2. R: Mit 1 Steige-Luft-M die Arbeit wenden, 1 feste M auf das 1. Stäbchen häkeln, 3 Luft-M und 1 feste M in die 3. Ersatz-Luft-M der 1. R; 3. R: Mit 3 Luft-M als Ersatz für das 1. Stäbchen die Arbeit wenden, 4 Stäbchen um die 3 Luft-M häkeln und in die feste M 1 Stäbchen arbeiten; 4. R: Mit 1 Steige-Luft-M die Arbeit wenden, 1 feste M auf das 1. Stäbchen häkeln, 3 Luft-M und 1 feste M in die 3. Ersatz-Luft-M der 3. R; 5. R: wie die 3. R arbeiten; 6. R: wie die 4. R arbeiten; 7. R: Wie die 3. R arbeiten; 8. R: Wie die 4. R beginnen und nach der letzten festen M für die Zunahme 3 Luft-M arbeiten und 1 Doppel-Stäbchen zurück in die feste M häkeln; 9. Reihe: Mit 3 Luft-M als Ersatz für das 1. Stäbchen wenden, 4 Stäbchen um die 3 Luft-M häkeln, 1 Stäbchen auf die folgende feste M, 4 Stäbchen um die folgenden 3 Luft-M, enden mit 1 Stäbchen auf die letzte feste M; 10.-23. R: Laut Häkelschrift arbeiten und dabei die Reihenzahlen rechts und links neben der Häkelschrift beachten. Danach die 16.-23. R stets wiederholen und die Zunahmen sinngemäß fortführen, bis die Breite von 18,5 (22) cm erreicht ist. Danach für den Mittelteil ohne Zunahmen weiterarbeiten, bis nach 72 (75) cm ab Anschlag die Mitte des Tuches erreicht ist. Dann für die Symmetrie den Mittelteil nochmal genau so lang häkeln, wie es ab Beginn der geraden Kante misst.

... weiter geht es auf Seite 26

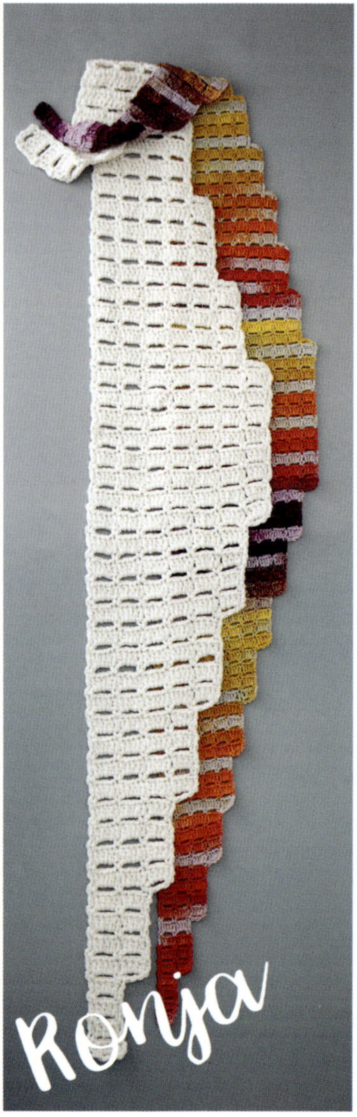

Häkelschrift Ronja

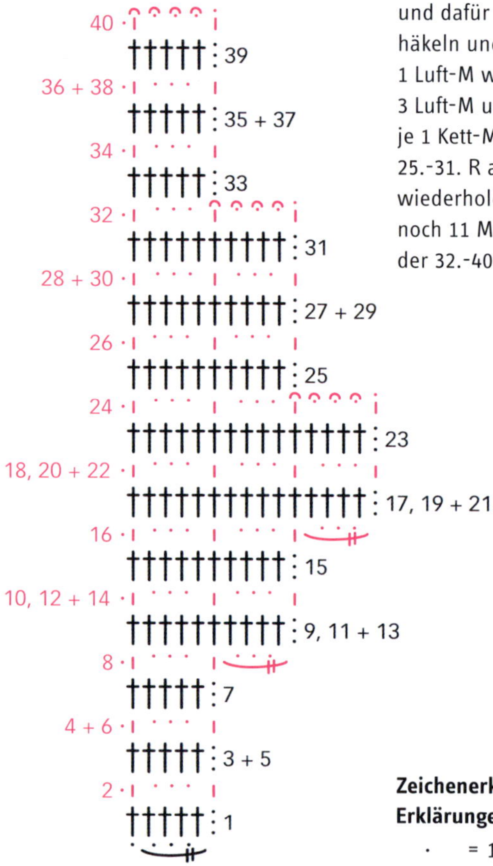

Nun mit den Abnahmen beginnen und dafür nach einer 23. R die 24. R häkeln und danach die Arbeit mit 1 Luft-M wenden. Nun die ersten 3 Luft-M und die folgende feste M mit je 1 Kett-M überhäkeln und dann die 25.-31. R arbeiten. Die 24.-31. R stets wiederholen, bis nach einer 31. R nur noch 11 M in Arbeit sind. Dann mit der 32.-40. R enden.

Zeichenerklärung (ausführliche Erklärungen siehe Umschlag)

· = 1 Luft-M

⌒ = 1 Kett-M

I = 1 feste M

† = 1 Stäbchen

= 3 Luft-M und 1 Doppel-Stäbchen zurück in die M aus der die 3 Luft-M kommen

YLVIE

... die kleine Wölfin

LEVEL

●●●

GRÖSSE

Tuch A: 130 x 25 cm

Tuch B: 150 x 27 cm

MATERIAL

- Tuch A: Woolly Hugs MERINO SILK SOCKS (58 % Schurwolle (Merino), 25 % Polyamid, 11 % Seide, 6 % Polyester Elité, Lauflänge ca. 420 m/100 g) von L&K (www.VeronikaHug.com): 100 g in Anthrazit (Farbe 295)
- Tuch B: Woolly Hugs MERINO YEAR SOCKS (75 % Schurwolle, 25 % Polyamid, Lauflänge ca. 400 m/100 g) von L&K (www.VeronikaHug.com): 100 g in Blau-Tönen (Farbe 06)
- Häkelnadel 3,0-4,0 mm

MASCHENPROBE

Im Schrägstreifen-Muster
16 M und 7,5 R = 10 x 10 cm

Hinweis: Die Häkelarbeit muss sich schön locker anfühlen, sodass ein weiches Tuch entsteht. Fühlt sich die Arbeit zu fest an, eine größere Nadelstärke wählen.

HÄKELSCHRIFT

Umschlagklappe

Muster

Schrägstreifen-Muster in hin- und hergehenden Reihen

Die Häkelschrift zeigt ab der linken Spitze die ersten 21 Reihen mit Zunahmen am rechten Rand. Ab der 22. Reihe werden die Abnahmen gezeigt. Die Abfolge der M und R ist in der nachfolgenden Anleitung aufgeführt.

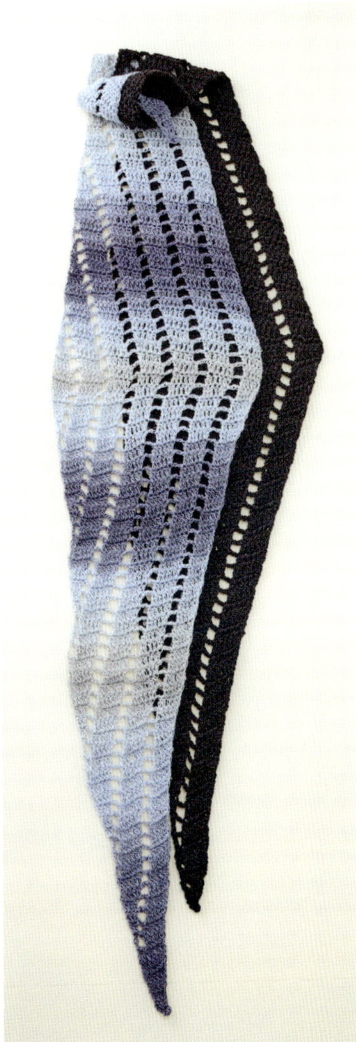

... weiter geht es auf Seite 28

Anleitung

An der linken Spitze beginnend 1 Luft-M anschlagen und für die 1. R 3 weitere Luft-M als Ersatz für das 1. Stäbchen häkeln, 1 Stäbchen in die Anschlag-M häkeln; 2. R: Mit 3 Luft-M als Ersatz für das 1. Stäbchen die Arbeit wenden, 2 Stäbchen in die 3. Ersatz-Luft-M der 1. R; 3. R: Mit 3 Luft-M als Ersatz für das 1. Stäbchen die Arbeit wenden, je 1 Stäbchen auf die ersten 2 Stäbchen häkeln und mit 1 Stäbchen in die 3. Ersatz-Luft-M der 2. R enden; 4. R: Mit 3 Luft-M als Ersatz für das 1. Stäbchen die Arbeit wenden, je 1 Stäbchen auf das 2. und 3. Stäbchen der Vor-R, enden mit 2 Stäbchen in die 3. Ersatz-Luft-M der 3. R; 5. R: Mit 3 Luft-M als Ersatz für das 1. Stäbchen die Arbeit wenden, je 1 Stäbchen auf die ersten 4 Stäbchen häkeln und mit 1 Stäbchen in die 3. Ersatz-Luft-M der 4. R enden; 6. R: Mit 3 Luft-M als Ersatz für das 1. Stäbchen die Arbeit wenden, 1 weitere Luft-M arbeiten und in das 2. und 3. Stäbchen der Vor-R 2 zusammen abgemaschte Stäbchen arbeiten, je 1 Stäbchen auf die folgenden 2 Stäbchen, enden mit 2 Stäbchen in die 3. Ersatz-Luft-M der 5. R; 7. R: Mit 3 Luft-M als Ersatz für das 1. Stäbchen die Arbeit wenden, je 1 Stäbchen auf die ersten 3 Stäbchen häkeln, dann 2 zusammen abgemaschte Stäbchen und 2 Luft-M arbeiten, enden mit 1 Stäbchen in die 3. Ersatz-Luft-M der 6. R; 8.-21. R: Laut Häkelschrift arbeiten. Danach die 14.-21. R stets wiederholen und die Zunahmen sinngemäß fortführen, bis nach 65 (75) cm ab Anschlag die Mitte des Tuches erreicht ist.
Nun mit den Abnahmen beginnen und dafür nach einer 21. Reihe die 22.-29. Reihe stets wiederholen, bis nach einer 29. R nur noch 15 M in Arbeit sind. Dann mit der 30.- 42. R enden.

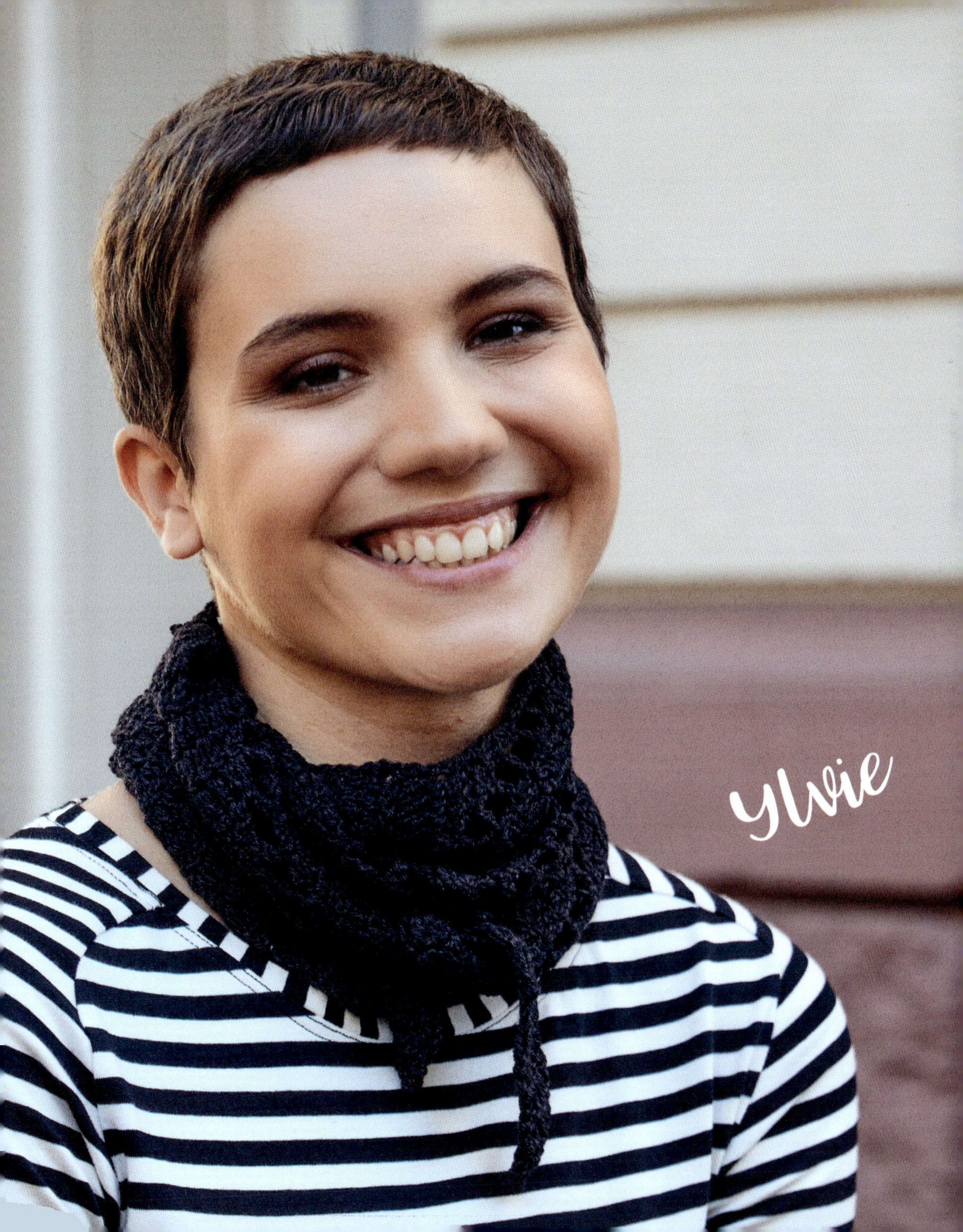
Ylvie

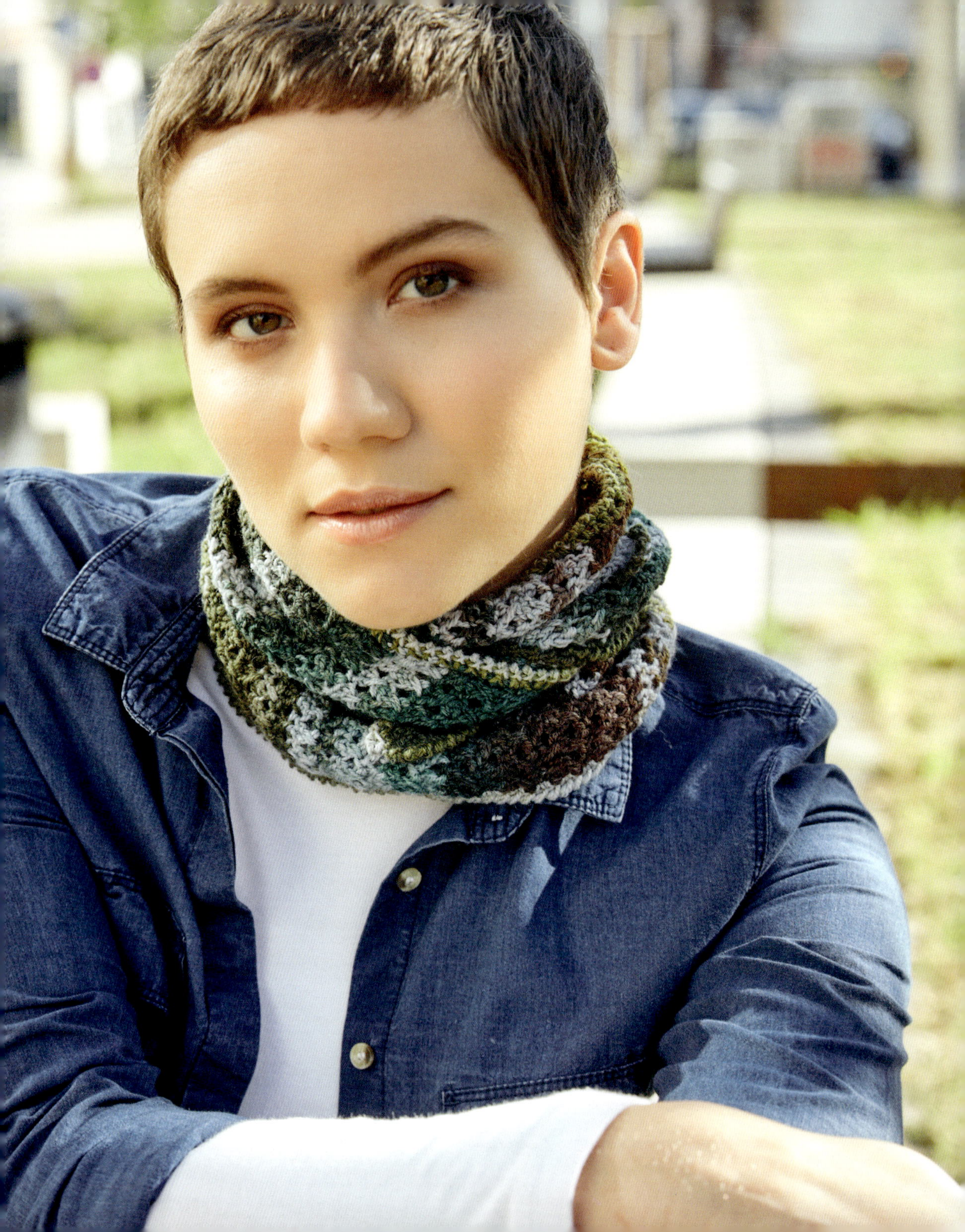

RUNA

... die Geheimnisvolle

LEVEL

●●○

GRÖSSE

104 x 22 cm

MATERIAL

- Woolly Hugs PAINT SOCKS (75 % Schurwolle, 25 % Polyamid, Lauflänge ca. 420 m/100 g) von L&K (www.VeronikaHug.com): 100 g in Grün/Braun (Farbe 206)
- Häkelnadel 3,0-4,0 mm

MASCHENPROBE

18 M und 9,5 R = 10 x 10 cm

Hinweis: Die Häkelarbeit muss sich schön locker anfühlen, sodass ein weiches Tuch entsteht. Fühlt sich die Arbeit zu fest an, eine größere Nadelstärke wählen.

Muster

Kreuz-Stäbchen in hin- und hergehenden Reihen

Die Häkelschrift zeigt ab der linken Spitze die ersten 7 Reihen mit Zunahmen am rechten Rand. Die 8.-10. Reihe zeigt das Muster nach den Zunahmen. Ab der 11. Reihe werden die Abnahmen gezeigt. Die Abfolge der M und R ist in der nachfolgenden Anleitung aufgeführt.

Anleitung

An der linken Spitze beginnend 3 Luft-M anschlagen und für die 1. R 3 weitere Luft-M als Ersatz für das 1. Stäbchen häkeln, in die 3. und 2. Luft-M 2 Kreuz-Stäbchen häkeln. Dafür die 3. Anschlag-Luft-M übergehen, in die 2. Anschlag-Luft-M 1 Stäbchen häkeln und dann 1 Stäbchen zurück in die übergangene 3. Anschlag-Luft-M arbeiten, enden mit 1 Stäbchen in die 1. Anschlag-Luft-M; 2. R: Mit 3 Luft-M als Ersatz für das 1. Stäbchen die Arbeit wenden, auf die 2 Kreuz-Stäbchen wieder 2 Kreuz-Stäbchen häkeln, enden mit 2 Stäbchen in die 3. Ersatz-Luft-M der 1. R; 3. R: Mit 3 Luft-M als Ersatz für das 1. Stäbchen die Arbeit wenden, 2 Kreuz-Stäbchen auf die ersten 2 Stäbchen häkeln, 2 Kreuz-Stäbchen auf die folgenden 2 Kreuz-Stäbchen arbeiten und mit 1 Stäbchen in die 3. Ersatz-Luft-M der 2. R enden; 4. R: Mit 3 Luft-M als Ersatz für das 1. Stäbchen die Arbeit wenden, je 2 Kreuz-Stäbchen auf die folgenden 2 Kreuz-Stäbchen häkeln, enden mit 2 Stäbchen in die 3. Ersatz-Luft-M der 3. R; 5. R: Mit 3 Luft-M als Ersatz für das 1. Stäbchen die Arbeit wenden, 2 Kreuz-Stäbchen auf die ersten 2 Stäbchen häkeln, je 2 Kreuz-Stäbchen auf die folgenden 2 Kreuz-Stäbchen häkeln und mit 1 Stäbchen in die 3. Ersatz-Luft-M der 4. R enden; 6. und 7. R: Laut Häkelschrift arbeiten. Dann die 6. und 7. Reihe stets wiederholen und die Zunahmen sinngemäß arbeiten, bis eine Breite von 22 cm erreicht ist. Dann für den Mittelteil ohne Zunahmen die 8. und 9. Reihe stets wiederholen, bis nach 52 cm ab Anschlag die Mitte des Tuches erreicht ist. Dann für die Symmetrie den Mittelteil nochmal genau so lang häkeln.
Nun mit den Abnahmen beginnen. Dafür nach einer 9. Reihe die 10.-12. Reihe 1 x arbeiten und anschließend die 11. und 12. Reihe stets wiederholen, bis nach einer 12. R nur noch 8 M in Arbeit sind. Dann mit der 13.-17. R enden.

... weiter geht es auf Seite 32

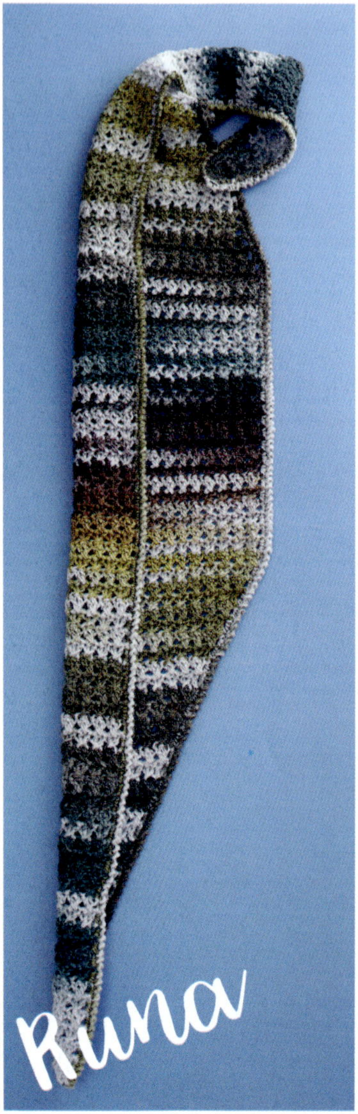

Fertigstellung

Das Tuch ringsum mit 1 Runde feste M umhäkeln, dabei zur Formgebung an den Ecken je 3 feste M in 1 Einstichstelle arbeiten. Anschließend noch 1 Runde Krebs-M (= feste M von links nach rechts) häkeln und dann enden.

Häkelschrift Runa

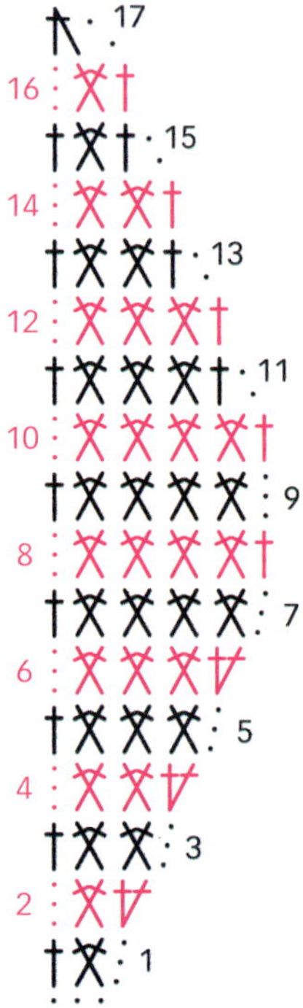

Zeichenerklärung (ausführliche Erklärungen siehe Umschlag)

- · = 1 Luft-M
- † = 1 Stäbchen
- = 2 Kreuz-Stäbchen
- = 2 Stäbchen in 1 Einstichstelle
- = 2 zusammen abgemaschte Stäbchen

FREJA

... Göttin der Liebe

LEVEL

●●○

GRÖSSE

Tuch A in Rot: 120 x 18 cm

Tuch B in Vanille: 130 x 20,5 cm

MATERIAL

- Tuch A: Woolly Hugs SHEEP (50 % Wolle (Merino extrafine), 28 % Baumwolle und 22 % Polyamid, Lauflänge ca. 110 m/50 g) von L&K (www.VeronikaHug.com): 100 g in Rot (Farbe 30)
- Tuch B: Woolly Hugs CHARITY (75 % Wolle, 15 % Polyamid, 10 % Polylactid, Lauflänge ca. 100 m/50 g) von L&K (www.VeronikaHug.com): 100 g in Vanille (Farbe 04)
- Häkelnadel 5,0-6,0 mm (Tuch A), bzw. 4,0-5,0 mm (Tuch B)

MASCHENPROBEN

Tuch A: 14 M und 8 R = 10 x 10 cm

Tuch B: 18 M und 10,5 R = 10 x 10 cm

Hinweis: Die Häkelarbeit muss sich schön locker anfühlen, sodass ein weiches Tuch entsteht. Fühlt sich die Arbeit zu fest an, eine größere Nadelstärke wählen.

HÄKELSCHRIFT

Umschlagklappe

Muster

Sternchen-Muster in hin- und hergehenden Reihen

Die Häkelschrift zeigt ab der rechten Spitze die ersten 13 R mit Zunahmen am linken Rand. Ab der 14.-24. R werden die Abnahmen gezeigt. Die Abfolge der M und R ist in der nachfolgenden Anleitung aufgeführt.

Kleine Sternchen-Masche

Zunächst zur auf der Nadel liegenden Schlinge noch 3 Schlingen auffassen, dann den Faden holen und durch alle 4 Schlingen ziehen. Abschließend noch 1 Luft-M häkeln.

Große Sternchen-Masche

Zunächst zur auf der Nadel liegenden Schlinge noch 4 Schlingen auffassen, dann den Faden holen und durch alle 5 Schlingen ziehen. Abschließend noch 1 Luft-M häkeln.

... weiter geht es auf Seite 34

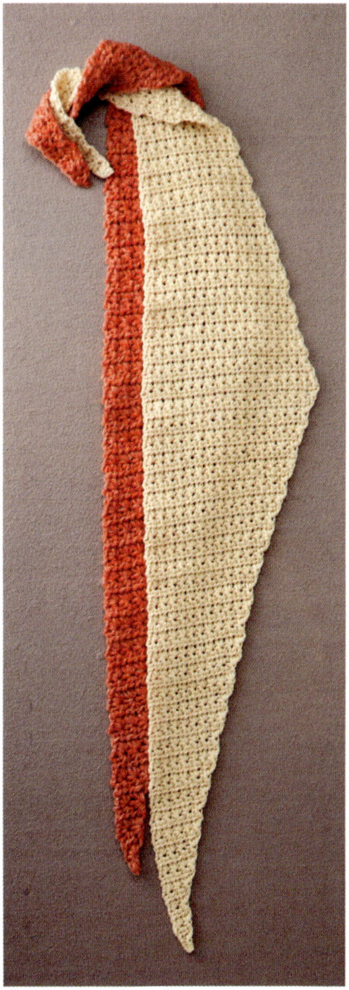

Anleitung

An der rechten Spitze beginnend 1 Luft-M anschlagen und laut Häkelschrift arbeiten. Für die 1. R 1 Steige-Luft-M häkeln und in die Anschlag-Luft-M 2 halbe Stäbchen arbeiten; 2. R: Mit 1 Steige-Luft-M die Arbeit wenden, in das 1. halbe Stäbchen 2 halbe Stäbchen häkeln, enden mit 1 halben Stäbchen in die letzte M; 3. R: Mit 1 Anfangs-Sternchen-M beginnen. Dafür mit 3 Luft-M die Arbeit wenden, in die 2. Wende-Luft-M einstechen, den Faden durchholen und als 2. Schlinge auf der Nadel liegen lassen, in die 1. Wende-Luft-M einstechen, den Faden durchholen und als 3. Schlinge auf der Nadel liegen lassen, in die letzte M der Vor-R (= 1. M) einstechen, den Faden durchholen und als 4. Schlinge auf der Nadel liegen lassen, in die 2. M einstechen, den Faden durchholen und als 5. Schlinge auf der Nadel liegen lassen, dann den Faden holen und durch alle 5 Schlingen ziehen, 1 Luft-M häkeln und dann 1 kleine Sternchen-M arbeiten. Dafür in die Schlinge unter der Luft-M einstechen, den Faden durchholen und als 2. Schlinge auf der Nadel liegen lassen, nochmals in die 2. M einstechen, den Faden durchholen und als 3. Schlinge auf der Nadel liegen lassen, in die letzte M (= 1. M der Vor-R) einstechen, den Faden durchholen und als 4. Schlinge auf der Nadel liegen lassen, dann den Faden holen und durch alle 4 Schlingen ziehen, 1 Luft-M häkeln; 4. R: Mit 1 Steige-Luft-M die Arbeit wenden, 1 halbes Stäbchen in die letzte Luft-M der 3. Reihe, 2 halbe Stäbchen um die folgende Luft-M, enden mit 1 halben Stäbchen in die 3. Wende-Luft-M der 3. R; 5. R: Mit 1 Rand-Sternchen-M beginnen, 1 Luft-M häkeln und dann 1 große Sternchen-M arbeiten. Dafür in die Schlinge unter der Luft-M einstechen, den Faden durchholen und als 2. Schlinge auf der Nadel liegen lassen, nochmals in die 2. M einstechen, den Faden durchholen und als 3. Schlinge auf der Nadel liegen lassen, in die folgende M einstechen, den Faden durchholen und als 4. Schlinge auf der Nadel liegen lassen, in die letzte M einstechen, den Faden durchholen und als 5. Schlinge auf der Nadel liegen lassen, dann den Faden holen und durch alle 5 Schlingen ziehen, 1 Luft-M häkeln; 6. R: Mit 1 Steige-Luft-M die Arbeit wenden, 2 halbe Stäbchen in die letzte Luft-M der 5. Reihe, 2 halbe Stäbchen um die folgende Luft-M, enden mit 1 halben Stäbchen in die 3. Wende-Luft-M der 5. R; 7. R: Mit 1 Rand-Sternchen-M beginnen, 1 Luft-M häkeln, 1 große Sternchen-M arbeiten, 1 Luft-M, dann 1 kleine Sternchen-M arbeiten. Dafür in die Schlinge unter der Luft-M einstechen, den Faden durchholen und als 2. Schlinge auf der Nadel liegen lassen, in die folgende M der Vor-R einstechen, den Faden durchholen und als 3. Schlinge auf der Nadel liegen lassen, in die letzte M der Vor-R einstechen, den Faden durchholen und als 4. Schlinge auf der Nadel liegen lassen, dann den Faden holen und durch alle 4 Schlingen ziehen, 1 Luft-M häkeln; 8.-13. R: Laut Häkelschrift arbeiten. Danach die 10.-13. R stets wiederholen und die Zunahmen sinngemäß fortführen, bis nach 60 (65) cm ab Anschlag die Mitte des Tuches erreicht ist. Nun mit den Abnahmen beginnen und dafür die 14. und 15. R arbeiten, dabei darauf achten, dass in der 15. Reihe für die letzte große Sternchen-M die 3. Schlinge nicht aus der gleichen Einstichstelle wie bei der 5. Schlinge der vorigen Sternchen-M geholt wird, sondern bereits aus der folgenden M. Danach die 16. und 17. R arbeiten. Anschließend die 14.-17. R stets wiederholen, bis nach einer 17. R nur noch 6 M in Arbeit sind. Dann mit der 18.-24. R enden.

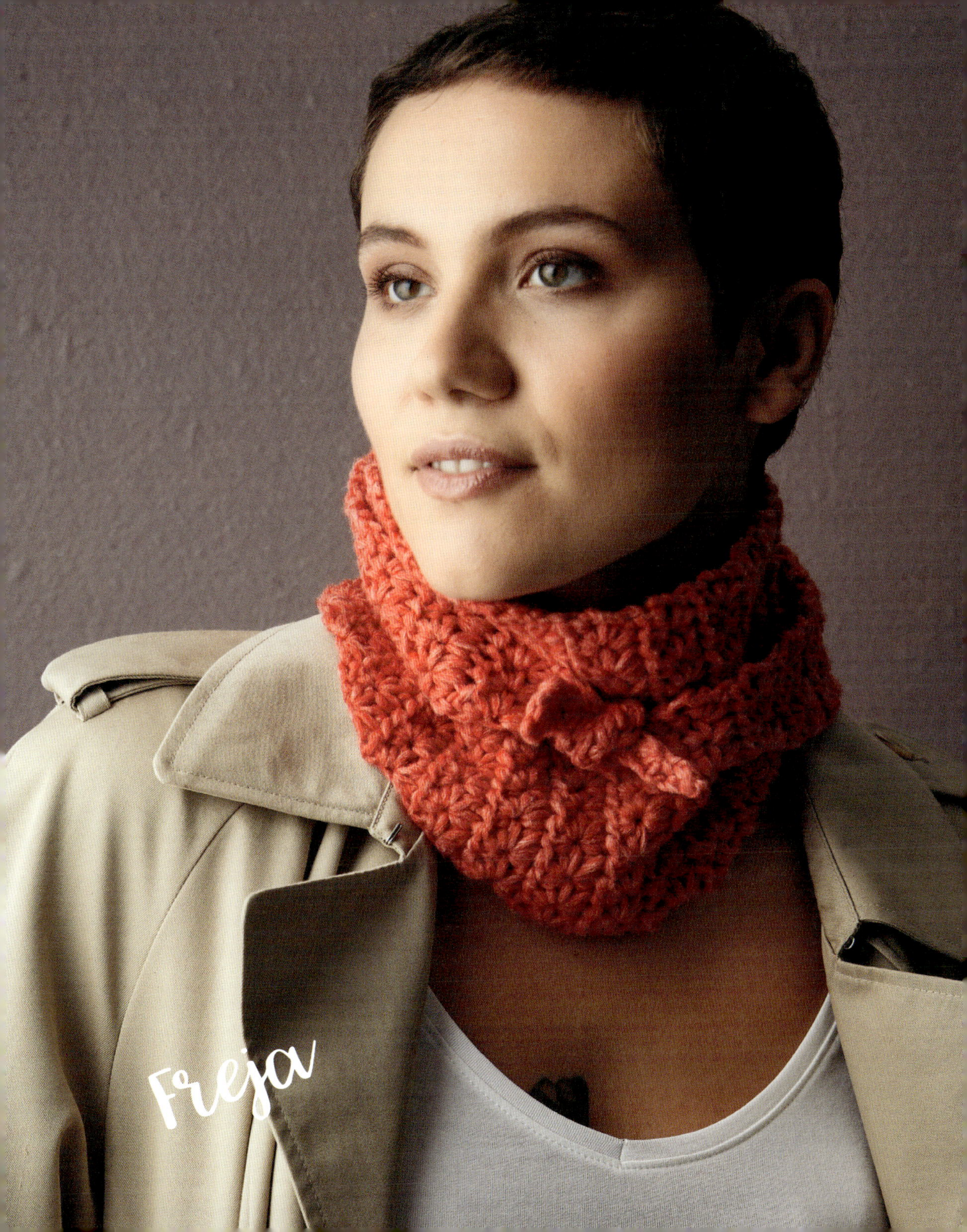
Freja

RAGNA

... die Königin

LEVEL

●●●

GRÖSSE

Tuch A: 109 x 10,5 cm

Tuch B: 124 x 14 cm

MATERIAL

- Tuch A und B: Woolly Hugs MERINO SILK SOCKS (58 % Wolle, 25 % Polyamid, 11 % Seide, 6 % Polyester Elité, Lauflänge ca. 420 m/ 100 g) von L&K (www.VeronikaHug.com): für beide Tücher zusammen je 100 g in Camel (Farbe 208), Hellbeige (Farbe 205) und Oliv (Farbe 273)
- Häkelnadel 3,0-4,0 mm

MASCHENPROBE

21 M und 22 Reihen = 10 x 10 cm

Hinweis: Die Häkelarbeit muss sich schön locker anfühlen, sodass ein weiches Tuch entsteht. Fühlt sich die Arbeit zu fest an, eine größere Nadelstärke wählen.

Muster

Tapestry-Muster in hin- und hergehenden Reihen

Nach den Zählmustern A und B feste Maschen arbeiten, dabei den Faden der nicht verwendeten Farbe stets mit umhäkeln und beim Farbwechsel die letzte Masche der 1. Farbe bereits mit der Folgefarbe abmaschen. Jeweils mit den 4 M vor dem Mustersatz (MS) beginnen, den MS stets wiederholen, enden mit den 4 M nach dem MS.

Abhäkel-Muschel zu Beginn der Arbeit (5 M am rechten Arbeitsrand abnehmen)

5 Luft-M als Ersatz für das 1. Doppel-Stäbchen, für das 2. Doppel-Stäbchen * 2 Umschläge auf die Nadel legen, in die 2. M der Vor-R einstechen und den Faden durchholen, dann den Faden holen und durch 2 Schlingen ziehen, nochmals den Faden holen und durch 2 Schlingen ziehen. Für das 3. Doppel-Stäbchen ab * noch 1 x wiederholen und dabei in die 3. M der Vor-R einstechen. Es liegen nun 3 Schlingen auf der Nadel. Danach für das 1. Stäbchen 1 Umschlag auf die Nadel legen, in die 4. M der Vor-R einstechen und den Faden durchholen, dann den Faden holen und durch 2 Schlingen ziehen. Es liegen nun 4 Schlingen auf der Nadel. Nun für das 2. Stäbchen 1 Umschlag auf die Nadel legen, in die 5. M der Vor-R einstechen und den Faden durchholen, dann den Faden holen und durch 2 Schlingen ziehen. Es liegen nun 5 Schlingen auf der Nadel. Abschließend für die feste M in die 6. M der Vor-R einstechen, den Faden durchholen. Dann nochmals den Faden holen und alle 6 auf der Nadel liegenden Schlingen zusammen abmaschen und abschließend 1 Luft-M häkeln.

Abhäkel-Muschel am Ende der Arbeit (5 M am linken Arbeitsrand abnehmen)

Bis zum Ende der Reihe häkeln, bis nur noch 6 M in Arbeit sind. Für die feste M in die 6.-letzte M einstechen und den Faden durchholen, dann für das 1. Stäbchen den Umschlag auf die Nadel legen, in die 5.-letzte M einstechen, den Faden durchholen, dann den Faden nochmals holen und durch 2 Schlingen ziehen, es liegen nun 3 Schlingen auf der Nadel. Dann für das 2. Stäbchen 1 Umschlag auf die Nadel legen, in die 4.-letzte M einstechen, den Faden durchholen, dann den Faden nochmals holen und durch 2 Schlingen ziehen, es liegen nun 4 Schlingen auf der Nadel. Nun für das 1. Doppel-Stäbchen * 2 Umschläge auf die Nadel legen, in die 3.-letzte M einstechen, und den Faden durchholen,

... weiter geht es auf Seite 38

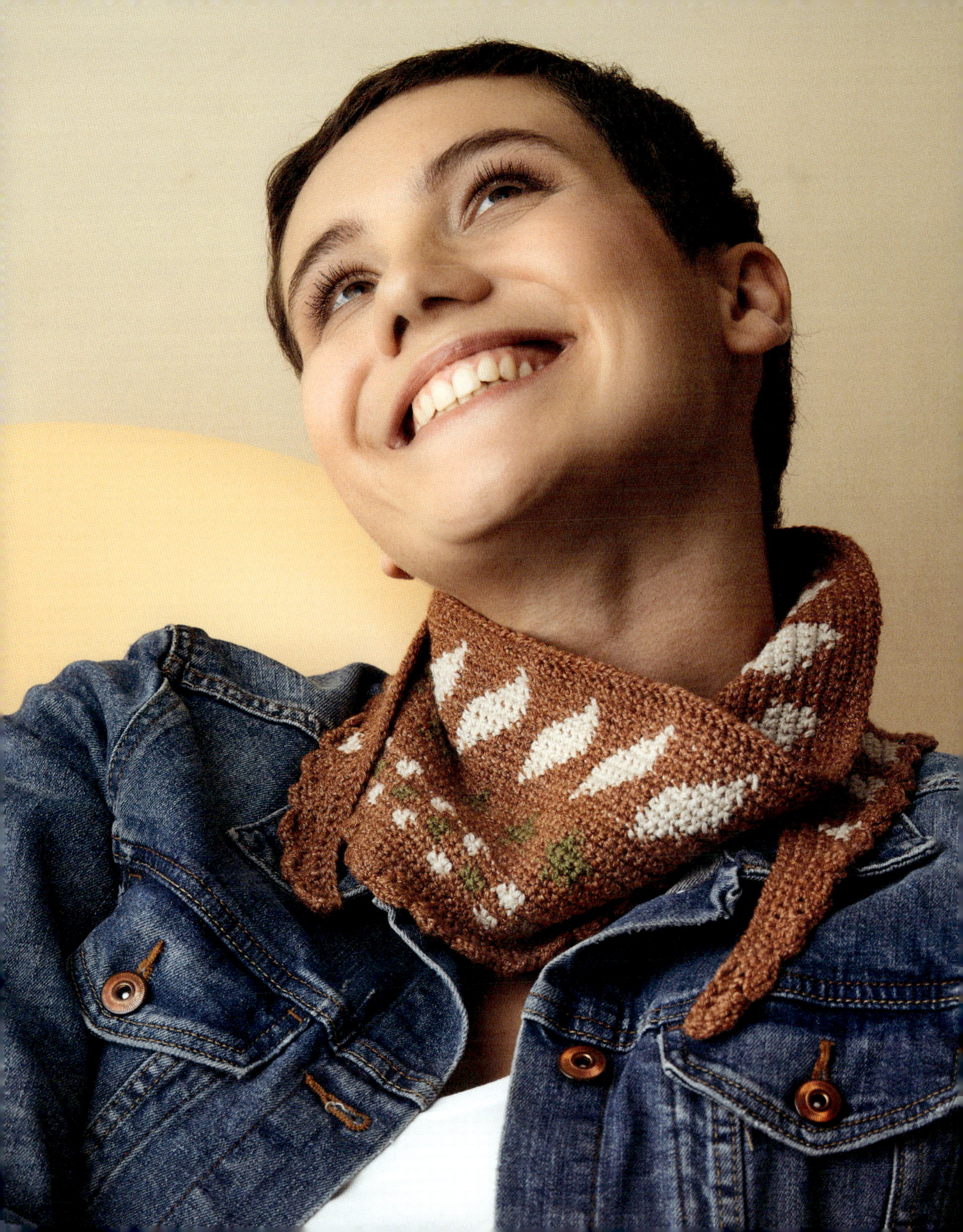

den Faden holen und durch 2 Schlingen ziehen, dann den Faden nochmals holen und durch 2 Schlingen ziehen, es liegen nun 5 Schlingen auf der Nadel. Nun für das 2. und 3. Doppel-Stäbchen in die beiden letzten M ab * noch 2 x wiederholen. Abschließend nochmals den Faden holen und alle 7 auf der Nadel liegenden Schlingen zusammen abmaschenund abschließend 1 Luft-M häkeln.

Häkelschrift Ragna

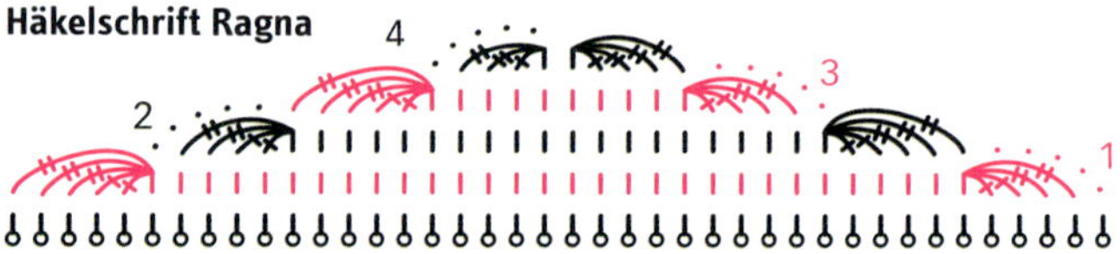

Zeichenerklärung (ausführliche Erklärungen siehe Umschlag)

= 1 feste M mit Fußschlinge (siehe Anleitung)

= 1 feste M

= 1 Abhäkel-Muschel zu Beginn der Arbeit (siehe Anleitung)

= 1 Abhäkel-Muschel am Ende der Arbeit (siehe Anleitung)

Zählmuster A Ragna

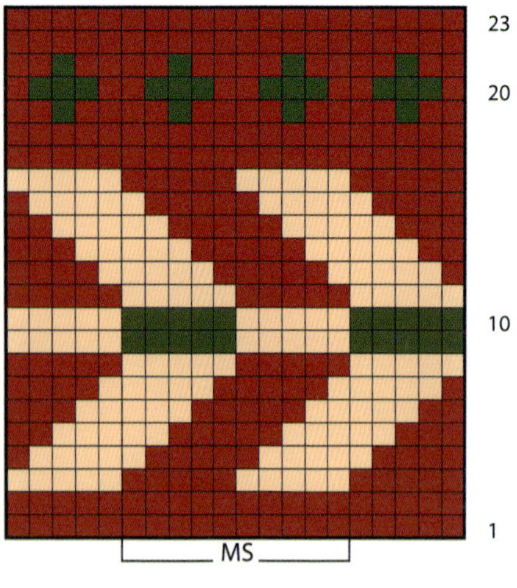

Zählmuster B Ragna

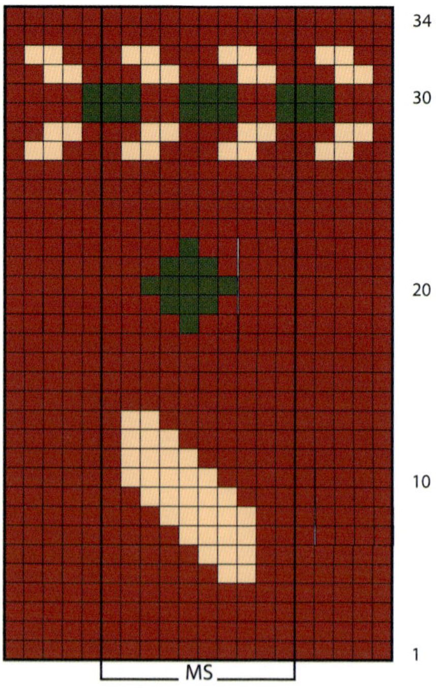

Zeichenerklärung

= 1 feste M in Camel

= 1 feste M in Hellbeige

= 1 feste M in Oliv

Anleitung

Tuch A: An der oberen Spannweite (= gerade Linie) in Camel beginnend 1 Luft-M anschlagen und für die Anschlag-Reihe 1 zusätzliche Steige-Luft-M und 230 feste M mit Fuß-schlingen häkeln. Für die 1. feste M in die Anschlag-Luft-M einstechen, den Faden holen und durchziehen. Nun für die Fuß-Schlinge den Faden nochmals holen und nur durch 1 Schlinge ziehen. Dadurch bildet sich 1 Luft-M, in welche für die folgende feste M eingestochen wird. Dann den Faden holen und durch alle 2 Schlingen ziehen. Nun 229 feste M mit Fuß-Schlingen wie folgt zunehmen: * in die Fuß-Schlinge der vorigen M einstechen und den Faden durchholen. Nun für die Fuß-Schlinge den Faden nochmals holen und nur durch 1 Schlinge ziehen, dann den Faden holen und durch alle 2 Schlingen ziehen. Ab * noch 228 x wiederholen = 230 M. Weiter laut Häkelschrift arbeiten. 1. R: Mit 5 Luft-M als Ersatz für das 1. Doppel-Stäbchen die Arbeit wenden und in die 2.-6. M eine Abhäkel-Muschel häkeln, 218 feste M häkeln und in die letzten 6 M 1 Abhäkel-Muschel häkeln = 220 M; 2. R: Mit 5 Luft-M als Ersatz für das 1. Doppel-Stäbchen die Arbeit wenden und in die 2.-6. M eine Abhäkel-Muschel häkeln, 208 feste M häkeln und in die letzten 6 M 1 Abhäkel-Muschel häkeln = 210 M; 3. R: Mit 5 Luft-M als Ersatz für das 1. Doppel-Stäbchen die Arbeit wenden und in die 2.-6. M eine Abhäkel-Muschel häkeln, 198 feste M häkeln, dabei mit dem Tapestry-Muster A (= ab 3. R Zählmuster A) beginnen und in die letzten 6 M 1 Abhäkel-Muschel häkeln = 200 M. Danach die 2. und 3. R stets wiederholen, dabei verringert sich die M-Zahl um 10 M pro R. Gleichzeitig das Zählmuster fortsetzen. Nach Ende des Zählmusters das Tuch in Camel weiterarbeiten, bis noch 10 M übrig sind. Dann mit der 4. R der Häkelschrift enden, dabei bei den Abhäkel-Muscheln jeweils nur 1 Stäbchen arbeiten.

Tuch B: Wie das Tuch A arbeiten, jedoch 260 M anschlagen. Das Tapestry-Muster laut Zählmuster B nach 3 Reihen ab Anschlag mit der 3. R des Zählmusters beginnen und nach Ende des Zählmusters in Camel enden.

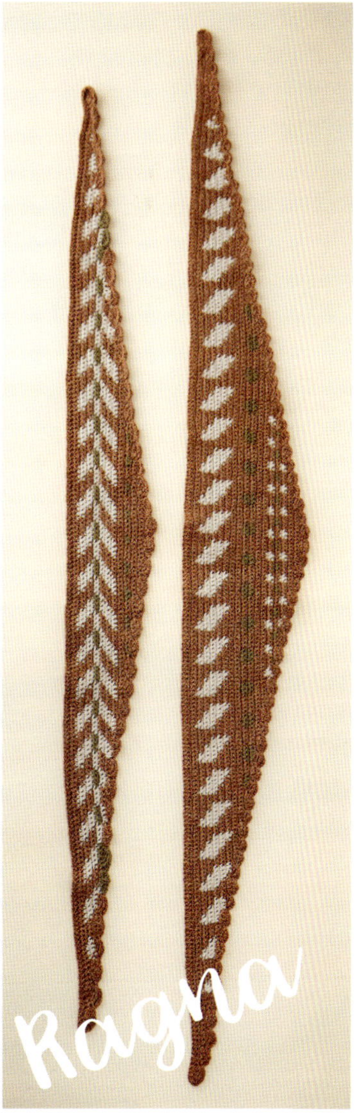

FINJA

... die Freundliche

LEVEL

●●○

GRÖSSE

Jeweils 124 x 23 cm

MATERIAL

- Woolly Hugs BOBBEL COTTON (50 % Baumwolle, 50 % Polyacryl, Lauflänge ca. 800 m/ 200 g) von L&K (www.VeronikaHug.com): 1 BOBBEL in Wunschfarbe (Original in Farbe 51)
- Häkelnadel 3,0-4,0 mm

MASCHENPROBE

14,5 M und 13 R = 10 x 10 cm

Hinweis: Die Häkelarbeit muss sich schön locker anfühlen, sodass ein weiches Tuch entsteht. Fühlt sich die Arbeit zu fest an, eine größere Nadelstärke wählen.

HÄKELSCHRIFT

Umschlagklappe

Muster

Freundschafts-Muster in hin- und hergehenden Reihen

Die Häkelschrift zeigt ab der oberen Spannweite die ersten 6 R mit beidseitigen Abnahmen. In jeder Reihe werden beidseitig 3 M abgenommen wie folgt: Zu Beginn werden die ersten 3 M mit Kett-M überhäkelt und am Ende bleiben die letzten 3 M unbehäkelt. Die Abfolge der M und R ist in der nachfolgenden Anleitung aufgeführt.

Anleitung

Aus 1 BOBBEL ergeben sich 3 Freundschaftstücher, die nacheinander gehäkelt werden. An der oberen Spannweite beginnend 1 Luft-M anschlagen und für die 1. R 1 zusätzliche Steige-Luft-M und 180 halbe Stäbchen mit Fußschlingen häkeln. Für das 1. halbe Stäbchen 1 Umschlag auf die Nadel nehmen, in die Anschlag-Luft-M einstechen, den Faden holen und durchziehen. Nun für die Fuß-Schlinge den Faden nochmals holen und nur durch 1 Schlinge ziehen. Dadurch bildet sich 1 Luft-M, in welche für das folgende halbe Stäbchen eingestochen wird. Dann den Faden holen und durch alle 3 Schlingen ziehen. Nun 179 halbe Stäbchen mit Fuß-Schlingen wie folgt zunehmen * 1 Umschlag auf die Nadel legen, in die Fuß-Schlinge der vorigen M einstechen und den Faden durchziehen. Nun für die Fuß-Schlinge den Faden nochmals holen und nur durch 1 Schlinge ziehen, dann den Faden holen und durch alle 3 Schlingen ziehen. Ab * noch 178 x wiederholen = 180 M. Weiter laut Häkelschrift arbeiten. 2. R: Mit 1 Steige-Luft-M die Arbeit wenden und in die erste M 1 feste M und 1 Stäbchen arbeiten, * 2 M übergehen, in die folgende M 1 feste M und 2 Stäbchen häkeln, ab * stets wiederholen (siehe auch Mustersatz in der Häkelschrift) enden mit 1 M übergehen, 1 feste M in die letzte M; 3. R: Mit 1 Steige-Luft-M die Arbeit wenden und auf die ersten 3 M je 1 Kett-M häkeln.
In die 4. M 1 feste M und 1 Stäbchen häkeln, 1 M übergehen, * 1 M übergehen, 1 feste M und 2 Stäbchen in die folgende M, 1 M übergehen, ab * stets wiederholen, bis noch 6 M bis zum Reihenende übrig sind. Dann in die 6. M 1 feste M und 2 Stäbchen häkeln, die 5. M übergehen und in die 4.-letzte M 1 feste M häkeln. Die restlichen 3 M bleiben unbehäkelt; 4. R: Laut Häkelschrift wie die 3. R arbeiten und wieder die letzten 3 M unbehäkelt lassen. Danach die 5. und 6. R stets wiederholen bis nach einer 6. Reihe noch 9 M übrig sind. Dann mit der 7. R enden.

Fertigstellung

Das Tuch an den schrägen Kanten mit 1 R Krebs-M (= feste M von links nach rechts gehend) umhäkeln.

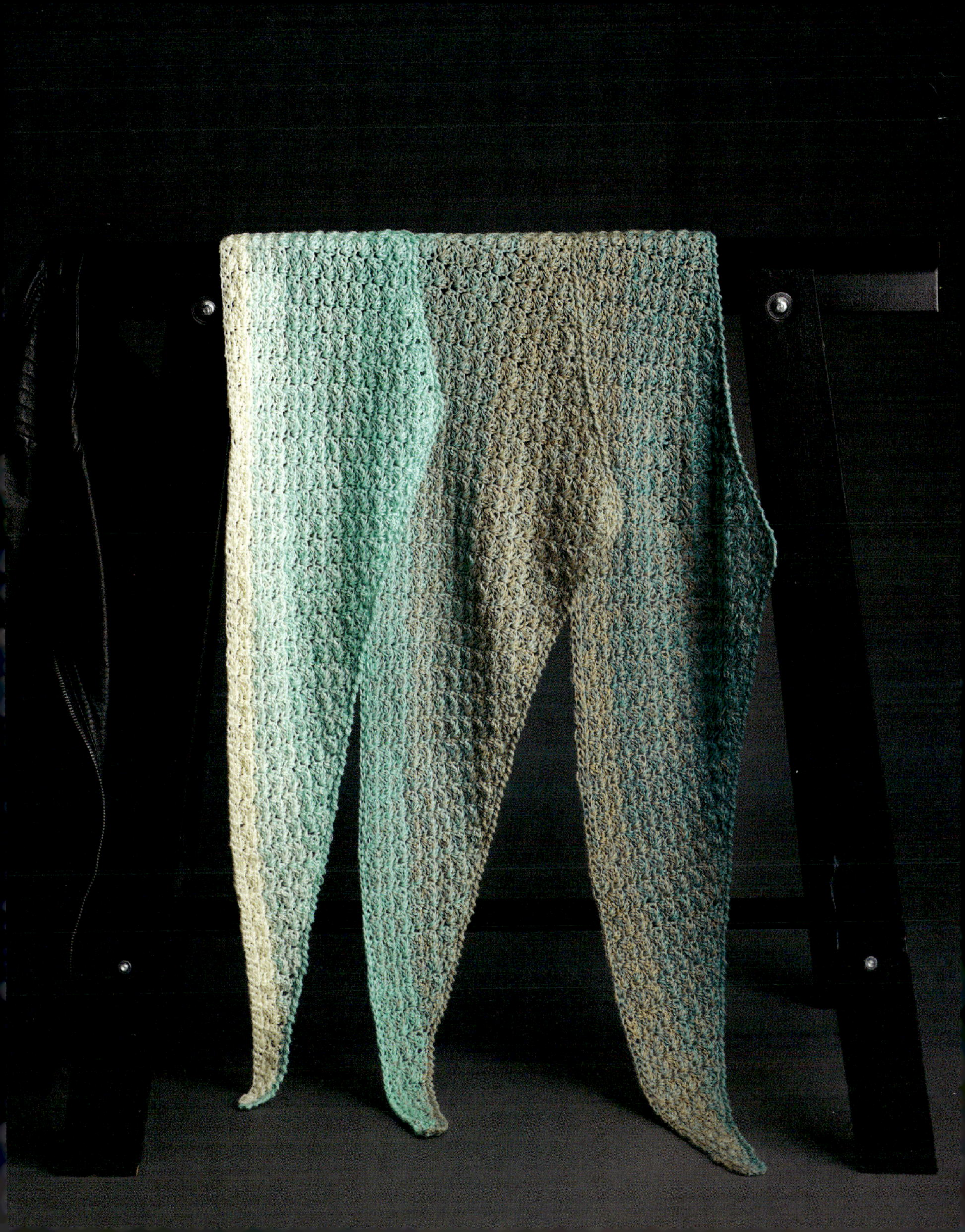

DAJE

... die Klare

LEVEL

●●○

GRÖSSE

110 x 22 cm

MATERIAL

- Woolly Hugs MERINO SILK SOCKS (58 % Wolle, 25 % Polyamid, 11 % Seide, 6 % Polyester Elité, Lauflänge ca. 420 m/100 g) von L&K (www.VeronikaHug.com): 100 g in Hellbeige (Farbe 205)
- Häkelnadel 3,0-4,0 mm

MASCHENPROBE

21,5 M und 11 R = 10 x 10 cm

Hinweis: Die Häkelarbeit muss sich schön locker anfühlen, sodass ein weiches Tuch entsteht. Fühlt sich die Arbeit zu fest an, eine größere Nadelstärke wählen.

Muster

Stäbchen in hin- und hergehenden Reihen

Die Häkelschrift zeigt ab der rechten Spitze die ersten 13 R mit Zunahmen am linken Rand. Ab der 14.-26. R werden die Abnahmen gezeigt. Die Abfolge der M und R ist in der nachfolgenden Anleitung aufgeführt.

Anleitung

An der rechten Spitze beginnend 2 Luft-M anschlagen und laut Häkelschrift arbeiten. Für die 1. R 2 Steige-Luft-M arbeiten, in die 2. Luft-M 1 Stäbchen und in die 1. Luft-M 2 Stäbchen, 2 Luft-M und 2 Stäbchen häkeln. 2. R: Mit 1 Luft-M die Arbeit wenden, je 1 Kett-M auf das 2. Stäbchen und um die folgende Luft-M häkeln. Dann 2 Steige-Luft-M arbeiten und um die folgende Luft-M der Vor-R 2 Stäbchen, 2 Luft-M und 2 Stäbchen häkeln, in das Stäbchen 2 Stäbchen häkeln; 3. R: Mit 2 Steige-Luft-M die Arbeit wenden, 1 Stäbchen auf das 1. Stäbchen und 2 Stäbchen in das 2. Stäbchen und um die folgenden 2 Luft-M 2 Stäbchen, 2 Luft-M und 2 Stäbchen häkeln; 4. R: Mit 1 Luft-M die Arbeit wenden, je 1 Kett-M auf das 2. Stäbchen und um die folgende Luft-M häkeln, dann 2 Steige-Luft-M arbeiten und um die folgende Luft-M 2 Stäbchen, 2 Luft-M und 2 Stäbchen häkeln, auf die folgenden 3 Stäbchen je 1 Stäbchen häkeln; 5. R: Mit 2 Steige-Luft-M die Arbeit wenden, je 1 Stäbchen auf die folgenden 2 Stäbchen und 2 Stäbchen in das 3. Stäbchen, um die folgenden 2 Luft-M 2 Stäbchen, 2 Luft-M und 2 Stäbchen häkeln; 6.-13 R: Laut Häkelschrift arbeiten. Danach die 8.-13. R stets wiederholen und die Zunahmen sinngemäß fortführen, bis nach 60 cm ab Anschlag die Mitte des Tuches erreicht ist.
Nun mit den Abnahmen beginnen und dafür die 14.-19. R stets wiederholen, bis nach einer 19. R nur noch 5 Stäbchen und die Rand-Bordüre in Arbeit sind. Dann mit der 20.-26. R enden.

... weiter geht es auf Seite 44

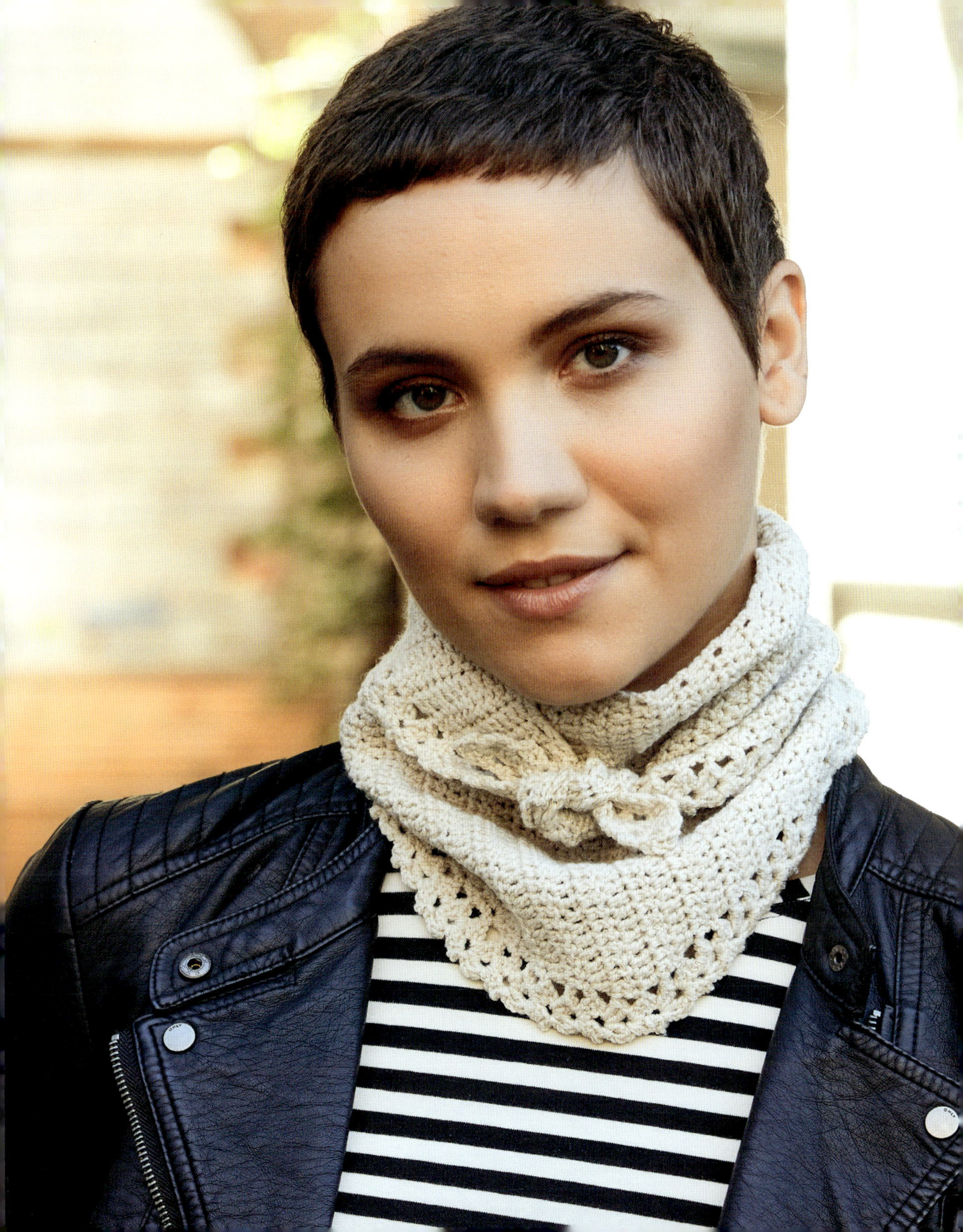

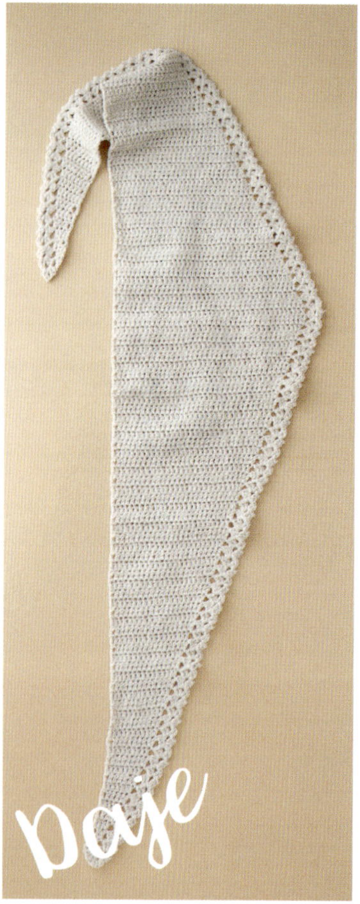

Häkelschrift Daje

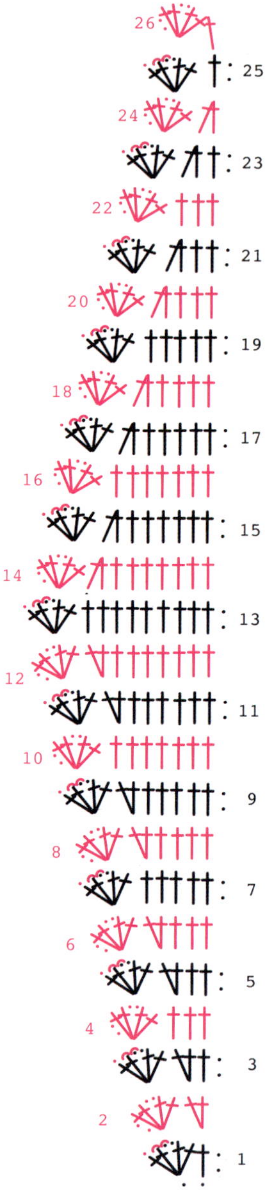

Zeichenerklärung (ausführliche Erklärungen siehe Umschlag)

- · = 1 Luft-M
- ⌒ = 1 Kett-M
- † = 1 Stäbchen
- = 2 Stäbchen in 1 Einstichstelle
- = 2 zusammen abgemaschte Stäbchen
- = 2 Stäbchen, 2 Luft-M und 2 Stäbchen in 1 Einstichstelle

CALLA

... die Freie

LEVEL

●●○

GRÖSSE

130 x 14 cm

MATERIAL

- Tuch A: Woolly Hugs MERINO YEAR SOCKS (75 % Schurwolle, 25 % Polyamid, Lauflänge ca. 400 m/100 g) von L&K (www.VeronikaHug.com): 100 g in Oliv-Tönen (Farbe 15)
- Tuch B: Woolly Hugs MERINO SILK SOCKS (58 % Wolle, 25 % Polyamid, 11 % Seide, 6 % Polyester Elité, Lauflänge ca. 420 m/100 g) von L&K (www.VeronikaHug.com): je 100 g in Hellbeige (Farbe 205) und Oliv (Farbe 273)
- Häkelnadel 3,0-4,0 mm

MASCHENPROBE

27 M und 28 R = 10 x 10 cm

Hinweis: Die Häkelarbeit muss sich schön locker anfühlen, sodass ein weiches Tuch entsteht. Fühlt sich die Arbeit zu fest an, eine größere Nadelstärke wählen.

Muster

Grundmuster

Die Häkelschrift 1 zeigt ab der oberen Mitte die ersten 8 R mit beidseitigen Zunahmen. Die Abfolge der M und R ist in der nachfolgenden Anleitung aufgeführt.

Streifenfolge

Je 2 Reihen in Hellbeige und Oliv im Wechsel.

Anleitung

Tuch A: Mit YEAR SOCKS in der oberen Mitte beim Pfeil beginnend 4 Luft-M anschlagen und in die 1. Luft-M 1 Doppel-Stäbchen häkeln. Nun laut Häkelschrift 1 arbeiten. Für die 1. R 7 Luft-M häkeln, die Arbeit wenden und so drehen, dass das Doppel-Stäbchen unten liegt. Dann um die 2.-4. Luft-M des Anschlags 3 x je 1 feste M und 1 Luft-M häkeln, enden mit 3 Luft-M und 1 Doppel-Stäbchen in die 1. Luft-M des Anschlags; 2. R: Mit 7 Luft-M die Arbeit wenden, um die 3 Luft-M über dem Doppel-Stäbchen 3 x je 1 feste M und 1 Luft-M häkeln, dann 1 feste M um die folgende Luft-M nach der 1. festen M der 1. R häkeln. Nun ist die Mitte erreicht. 3 Luft-M häkeln und die mittlere feste M der 1. R übergehen, 1 feste M um die folgende Luft-M, 3 x je 1 Luft-M und 1 feste M um die folgenden 3 Luft-

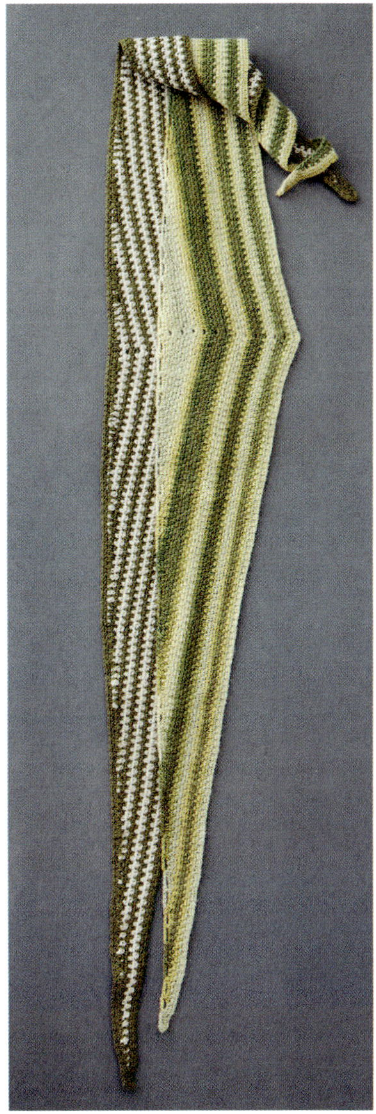

... weiter geht es auf Seite 46

M, enden mit 3 Luft-M und 1 Doppel-Stäbchen in die 4. Luft-M der 7 Anfangs-Luft-M der 1. Reihe; 3. R: Mit 7 Luft-M die Arbeit wenden, um die 3 Luft-M über dem Doppel-Stäbchen 3 x je 1 feste M und 1 Luft-M häkeln, dann 3 x je 1 feste M und 1 Luft-M um jede der folgenden 3 Luft-M häkeln, um die mittleren 3 Luft-M 1 feste M, 1 Luft-M und 1 feste M häkeln, dann 3 x je 1 Luft-M und 1 feste M um jede der folgenden 3 Luft-M häkeln, 3 x je 1 Luft-M und 1 feste M um die folgenden 3 Luft-M, enden mit 3 Luft-M und 1 Doppel-Stäbchen in die 4. Luft-M der 7 Anfangs-Luft-M der 2. Reihe; 4.-8. R: Laut Häkelschrift arbeiten. Danach die 7. und 8. R stets wiederholen und die Zunahmen sinngemäß fortführen, bis die Spannweite 130 cm misst. Dann enden.

Tuch B: Wie Tuch A mit Oliv beginnen und nach der 3. Reihe mit der Streifenfolge beginnen dabei für einen schönen Farbwechsel jeweils das Doppel-Stäbchen mit der neuen Farbe abhäkeln. Die Fäden müssen nach dem Farbwechsel nicht abgeschnitten werden. Bei den dadurch entstehenden Spannfäden darauf achten, dass sie locker genug sind und nicht zu sehr spannen. Diese Spannfäden werden bei der Umhäkelung mit eingehäkelt. Dafür nach einer 8. Reihe das Tuch mit der 9. Reihe laut den blauen Zeichen der Häkelschrift 2 ringsum umhäkeln. Dabei an der oberen Kante die festen M tiefer einstechen und dafür um die Doppel-Stäbchen bzw. Luft-M herum in die Lücke zwischen die darunterliegenden festen M häkeln und dazwischen je 1 Luft-M arbeiten. Auf jede Reihe kommen je 3 feste M mit je 1 Luft-M dazwischen. In die seitlichen Spitzen je 2 feste M mit je 1 Luft-M häkeln. Die 2. Hälfte genauso behäkeln.

Häkelschrift 1 Calla

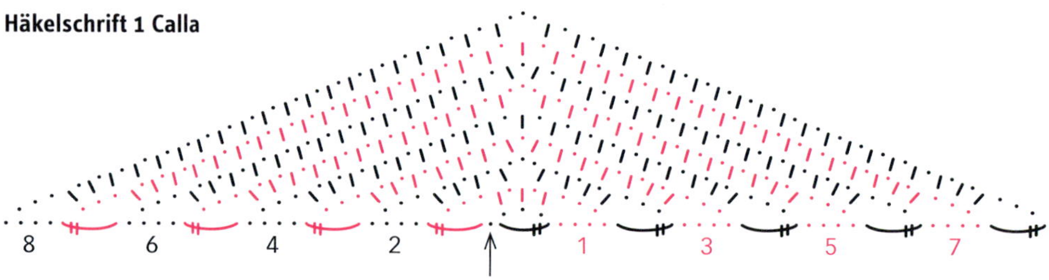

Häkelschrift 2 Calla

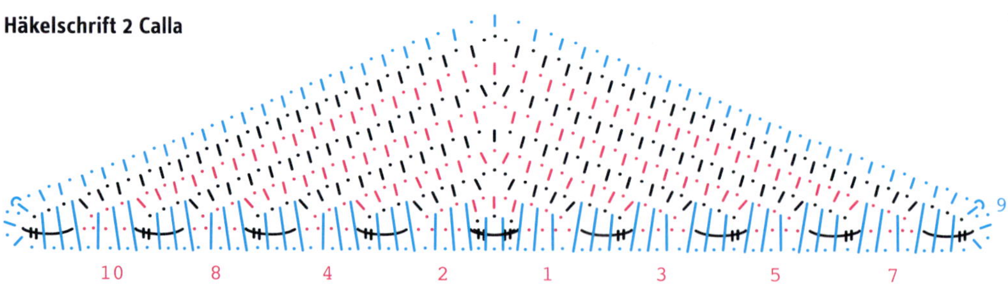

Zeichenerklärung (ausführliche Erklärungen siehe Umschlag)

· = 1 Luft-M

⌒ = 1 Kett-M

I = 1 feste M

= 1 Doppelstäbchen

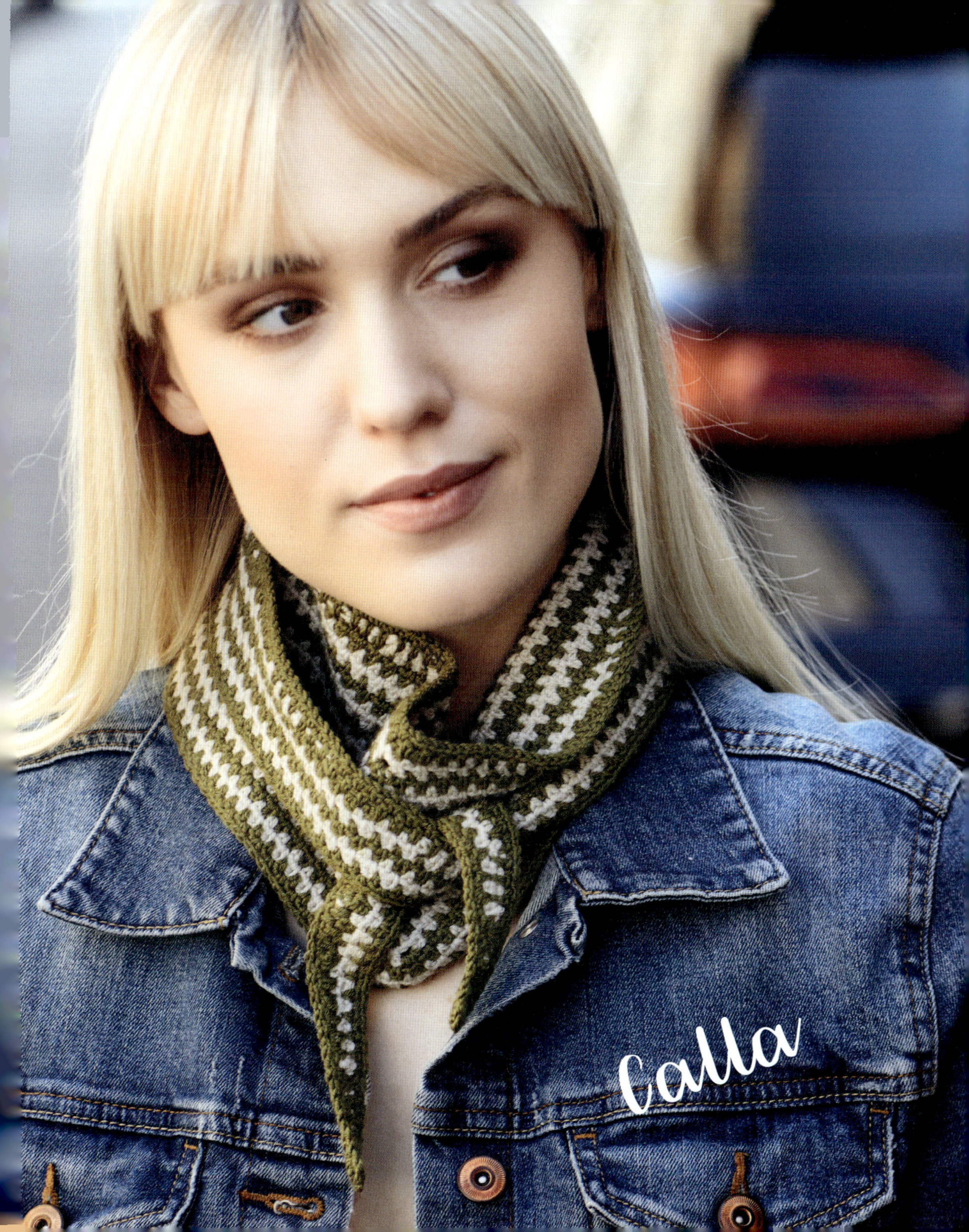
Calla

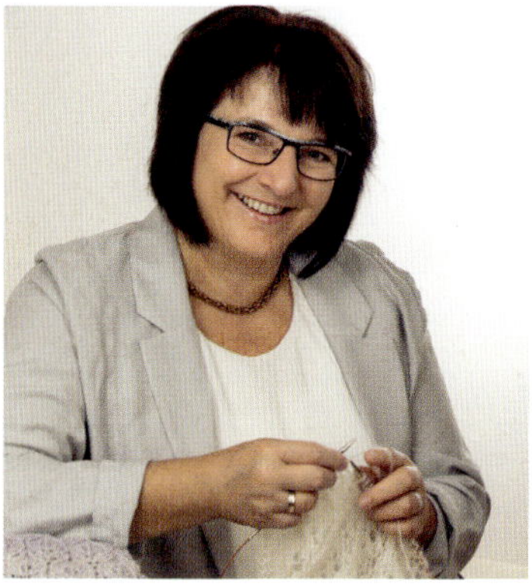

Veronika Hug lebt mit ihrer Familie in Appenweier. Handarbeiten ist seit ihrer Teenagerzeit ihr Hobby und nach der Geburt ihres 3. Kindes wurde es nach und nach auch zum Beruf: Auf erste eigene Modelle und Anleitungen folgten Fachkorrektur und Redaktion zahlreicher Zeitschriften im Bereich Handarbeiten. Inzwischen hat sie als erfolgreiche Buchautorin bereits über 70 Bücher zum Stricken und Häkeln veröffentlicht und gestaltet seit 2015 mit Woolly Hugs sogar ihre eigene Garnkollektion. Seit 2021 erscheinen ihre Bücher im frechverlag.

Realisation der Modelle Veronika Hug, Marion Kemper, Mareen Kmoch, Claudia Reimertshofer, Gabriele Strupp.

TOPP – Unsere Servicegarantie

WIR SIND FÜR SIE DA! Bei Fragen zu unserem umfangreichen Programm oder Anregungen freuen wir uns über Ihren Anruf oder Ihre Post. Loben Sie uns, aber scheuen Sie sich auch nicht, Ihre Kritik mitzuteilen – sie hilft uns, ständig besser zu werden.

Bei Fragen zu einzelnen Materialien oder Techniken wenden Sie sich bitte an unseren Kreativservice, Frau Erika Noll.

mail@kreativ-service.info
Telefon 07 11/12 37 57 20

Das Produktmanagement erreichen Sie unter:

pm@frechverlag.de
oder:
frechverlag
Produktmanagement
Dieselstraße 5
70839 Gerlingen
Telefon 07 11/8 30 86 68

LERNEN SIE UNS BESSER KENNEN! Fragen Sie Ihren Hobbyfach- oder Buchhändler nach unserem kostenlosen Magazin **Meine kreative Welt**. Darin entdecken Sie dreimal im Jahr die neuesten Kreativtrends und interessantesten Buchneuheiten.

Oder besuchen Sie uns im Internet! Unter **www.topp-kreativ.de** können Sie sich über unser umfangreiches Buchprogramm informieren, unsere Autor:innen kennenlernen sowie aktuelle Highlights und neue Kreativtechniken entdecken, kurz – die ganze Welt der Kreativität.

Kreativ immer up to date sind Sie mit unserem monatlichen **Newsletter**. Für aktuelle Infos, Gratis-Anleitungen und Gewinnspiele gleich anmelden unter **www.TOPP-kreativ.de/Newsletter**

IMPRESSUM

FOTOS: frechverlag GmbH, 70839 Gerlingen; Claudia Lienert, Appenweier (S. 48); lichtpunkt, Michael Ruder, Stuttgart (alle übrigen)
PRODUKTMANAGEMENT: Katrin Akyol
LEKTORAT: Jutta Götz, Gaggenau
FACHKORREKTUR: Margit Huber, Oberkirch-Bottenau
GESTALTUNG: Petra Theilfarth
DRUCK: DZS Grafik, Slowenien

Materialangaben und Arbeitshinweise in diesem Buch wurden von der Autorin und den Mitarbeitern des Verlags sorgfältig geprüft. Eine Garantie wird jedoch nicht übernommen. Autorin und Verlag können für eventuell auftretende Fehler oder Schäden nicht haftbar gemacht werden. Das Werk und die darin gezeigten Modelle sind urheberrechtlich geschützt. Die Vervielfältigung und Verbreitung ist, außer für private, nicht kommerzielle Zwecke, untersagt und wird zivil- und strafrechtlich verfolgt. Dies gilt insbesondere für eine Verbreitung des Werkes durch Fotokopien, Film, Funk und Fernsehen, elektronische Medien und Internet sowie für eine gewerbliche Nutzung der gezeigten Modelle. Bei Verwendung im Unterricht und in Kursen ist auf dieses Buch hinzuweisen.

4. Auflage 2024

© 2024 **frechverlag** GmbH, Dieselstraße 5, 70839 Gerlingen, einem Unternehmen der Penguin Random House Verlagsgruppe GmbH, München

ISBN 978-3-7358-7102-2 • Best.-Nr. 27102

MIX
Papier | Fördert gute Waldnutzung
FSC® C106600
FSC www.fsc.org

Penguin Random House Verlagsgruppe
FSC® N001967